FLASH CRASH
閃電崩盤

一兆美元的真相！
全球追捕，史上最神祕的金融罪犯

連恩‧范恩 Liam Vaughan———— 著

葉妍伶———— 譯

A Trading Savant, a Global Manhunt,
and the Most Mysterious Market Crash in History

獻給
Suzi 和 Rufus

各界好評

····

　　本書所揭示的，是人工智慧將是數位治理最大的挑戰。人類的不完美會透過自動的演算法，一路被擴大到我們現在還無法想像的黑天鵝事件；如這個閃崩事件，就是人類利用機器去騙了其他的機器。本書的故事不僅是金融犯罪的重大歷史事件，也會是未來科技犯罪的常態，作者深入調查整起事件，故事精采絕倫，對於未來的數位治理深具啓發性。

　　　　　　　　　　——程世嘉（iKala 共同創辦人暨執行長）

　　全球金融市場大量使用電腦輔助進行高頻交易，促使市場的效率提高，然而愈是精密而敏感的系統，天然的缺陷加上特定人禍，也隨時可能引發連鎖效應，導致市場失靈。本書是金融歷史上一段鮮爲人知的眞實故事，在股市閃崩可能成爲未來市場常態的環境下，每一位投資人都值得警惕，並且深思！

　　　　　　　　　　　　　　　　——安納金（暢銷財經作家）

　　若非本書的詳實報導，這場活生生在全球金融市場上演的事實將被忽略，甚至潦草掩蓋。在作者細膩而生動的描繪下，故事情節如戲劇般地超展開，讓我一拿起書就捨不得放下。非常期待此書改編成電影、躍上大銀幕的精采震撼！

　　　　　　　　　　　——愛瑞克（知識交流平台TMBA共同創辦人）

　　歷經今年美股的崩跌，前所未見的連續熔斷，讓全市場投資人體驗了股市震撼教育。但是，潛藏在這底下更深的危機卻仍未被解決。本書揭露了 2010 年 5 月美股閃電崩盤的始末，在沒有任何原因的情況下，道瓊工業指數在短短幾分鐘內暴跌近 10%，一場人為的騙局在螢幕後醞釀，未來將有可能導致更大的災難。

　　　　　　　　　　　——王怡人（JC趨勢財經觀點版主）

　　閃電崩盤隔天，朋友跟我說：美股昨晚發生了大屠殺；看到那個下影線，地球另一端的我不知道發生了什麼事。這本書所描繪的，就是至今仍讓我印象深刻的這起震驚國際的金融事件。作者調查深入、筆法細膩，清楚且完整地呈現了事件的始末，以及身處漩渦中心的孤狼交易員。這本書不是小說，但在真實世界中發生的事，卻遠比小說更不可思議！不要猶豫了，你會很高興你翻開這本書的。

　　　　　　　　　　　——雷浩斯（知名財經作家）

　　深入金融市場核心的一場迷人旅程，帶我們在追逐利益的戰場上，一睹人類與機器的交鋒！

　　——布萊利・霍普（Bradley Hope，《鯨吞億萬》共同作者）

　　本書講述了一個戲劇性的故事：一個獨來獨往的交易員，如何迫使全球金融市場屈服於他；也為推動當今市場發展的力量，提供了迫切需要的訊息。令人大開眼界！

　　——古格里・祖克曼（Gregory Zuckerman，《洞悉市場的人》作者）

　　2010 年的閃電崩盤，在短短 5 分鐘內就蒸發了 1 兆美金，迄今仍是華爾街一大謎團。連恩・范恩節奏明快、情節詳盡的這部金融驚悚著作，描述了這起真實事件發生的始末、身處風暴中心的角色，以及這整起事件真正的意涵。令人愛不釋手！

　　——貝瑟妮・麥克萊恩（Bethany McLean，《財星》雜誌記者，

電影《安隆風暴》原著小說共同作者）

　　本書完整、可靠地描述了這樁近代金融交易史上最神祕的事件……《閃電崩盤》講述了一個令人難以抗拒的個人故事，這個故事中的主角性格罕見——他既是與社會格格不入的金融天才、膽大包天的騙子、庶民英雄，也是詐騙的受害者——卻發現自己正身處全球性醜聞的中心。

　　——大衛・安瑞奇（David Enrich，《黑塔》作者）

　　本書優雅且輕快地敘說這起史上最詭譎、神祕的金融異常事件。報導之細緻、故事之扣人心弦，塡補了許多事件中不爲人知的內情。一拿起本書可沒那麼容易放下。

——威廉·科漢（William D. Cohan，《紙牌屋》《金錢和權力》

作者）

　　故事生動且引人入勝！揭露了我們的金融體系實際上是多麼腐敗、荒謬與脆弱。

——席拉·柯爾哈特卡（Sheelah Kolhatkar，《黑色優勢》作者）

　　故事精采非凡，敘事生動細膩！書中要告訴讀者的教訓是：投注過分的資源起訴主角這樣的小角色，只是爲了掩飾；眞正的惡徒仍然以政治與令人尊敬的外表爲掩護，在大規模操縱市場。

——《華爾街日報》

引人入勝，令人著迷不已！

——英國《金融時報》

研究精湛，節奏緊湊，對所謂的罪魁禍首有生動的描繪。

——英國《衛報》

戲劇性的發展太令人驚嘆了！作者清晰的說明，及其揭露了這起事件在道德上的微妙之處，使這本書如此引人注目。他說故事的方式真是太美妙了！

　　　　　　　　　　　　　　　　——英國《每日郵報》

格局宏大，情節緊湊，就像是電影《你整我，我整你》撞見了《華爾街》。

　　　　　　　　　　　　　　——英國《星期日泰晤士報》

研究極度詳盡，敘事也相當清晰易懂。我們永遠不會知道薩勞和他的幌騙機器是否是導致閃電崩盤的元兇，但至少可以肯定：他反將了詐騙者一軍。在這個故事的最後，你將忍不住為他大聲叫好！

　　　　　　　　　　　　　　　——英國《旁觀者》雜誌

《閃電崩盤》將在忙碌交易場中廝殺的人物及其生活、聲音和氣味，活生生地呈現在讀者眼前。必讀佳作！

　　　　　　　——全球投資者集團（Global Investor Group）

節奏緊湊、推進快速的金融報導故事……高水準的聰明敘事，令人眼界大開！

　　　　　　　　　　　　　　——柯克斯（Kirkus）書評

目次　CONTENTS

各界好評　005

序　曲　015

───── **第一幕**　023

Chapter 1　在壓力之下表現良好　025

Chapter 2　豪賭小子　041

Chapter 3　爛貨　057

Chapter 4　操盤首部曲　063

Chapter 5　機器人崛起　071

Chapter 6　一個時代的終結　083

Chapter 7　操盤二部曲　091

Chapter 8　幌騙的簡史　097

Chapter 9　量身訂做的功能　107

Chapter 10　崩盤　113

───── 第二幕　121

Chapter 11　後續　123

Chapter 12　大發利市　137

Chapter 13　塵埃落定　149

Chapter 14　思想犯罪　161

Chapter 15　改造演算法　169

Chapter 16　財神降臨　181

Chapter 17　「吳明士」　189

Chapter 18　嫌疑人 1 號　199

Chapter 19　白麵包與芝商所　209

Chapter 20　心戰遊戲　223

───── 第三幕　239

Chapter 21　納凡德，錢呢？　241

Chapter 22　＃釋放納凡德　251

Chapter 23　一切都成空　259

Chapter 24　認罪　271

Chapter 25　神鬼交鋒　285

尾　聲　291

作者的話　299
致　謝　301

序曲

....

　　2015 年 4 月那個冷冽的星期二清晨 6 點，天光未明，6
名便衣警察、2 名美國聯邦調查局探員、2 名美國司法部的檢
察官，一同在倫敦近郊豪恩斯洛區的麥當勞聚集。這座仿都
鐸風格的建築物，坐落在希斯洛機場附近交通繁忙的圓環，
前身是名為「旅人之友」的酒吧，現在則和世界各地的麥當
勞一樣，色彩如幼兒園一般繽紛、燈光明亮，空氣中有加熱
脂肪和消毒水瀰漫的味道。這群人打照面的時候眼神無精打
采，他們占據了一個安靜的角落，進行最後一次推演。當太
陽緩步為這個郊區揭開另一個灰濛濛的一天時，這群執法人
員起身離開麥當勞，投身於任務中。他們已經為這個案子布
局了兩年半，現在終於要逮捕全世界最危險、透過操縱市場
獲利最多的經濟犯。

　　警察和探員往停車場移動時，布蘭特・威柏（Brent
Wible）和麥克・歐尼爾（Mike O'Neill）這兩位美國檢察官

才好整以暇地點早餐。這是他們的心血、他們經手的案子，但因為人在英國領土，必須由倫敦警察廳負責逮捕，他們只能靠著手機接收現場的最新消息。

他們要逮捕的是一名 36 歲的倫敦人納凡德·辛·薩勞（Navinder Singh Sarao），他在美國期貨市場以完全零成本的方式，利用許多可議的手段，淨賺了 7,000 萬美元。美國政府認為，薩勞造成近代歷史上最劇烈的市場崩跌，也就是 2010 年的「閃電崩盤」。

美國已經從遠處監控薩勞好幾個月了，他們監控他的電子郵件、追蹤他的資產、詢問他的同事、觀察他的行蹤，可是這些調查員從來沒有見過他，這個人始終成謎。他們知道薩勞和父母住在一起，單獨在家進行交易。他認為華爾街與高頻交易圈裡全是些「呆頭鵝」，因此對自己和他們保持距離感到很得意；但是資料顯示，薩勞下單的金額經常高過全世界最大的銀行和避險基金。薩勞的主要戰場是芝加哥期貨交易所，他在那裡頻繁地進行交易。調查員甚至聽說，薩勞曾操著混雜倫敦工人和亞洲地痞流氓的腔調，威脅說要剁掉交易所員工的大拇指。但薩勞的交易經紀人卻說他像一隻小貓，當初連要找到他們的辦公室都會迷路。

警員和探員只花了 5 分鐘就來到薩勞的住處，那是一幢米白色、半獨立式的兩層樓建築，前方有個塑膠門廊和小耳朵衛星，和周遭鄰居的房舍相比，這房子看起來毫無特色。

薩勞的父母在 1982 年買了這幢房子，在那之前沒幾年才從印度旁遮普來到英國。豪恩斯洛有個很大的印度錫克教社群，因為這裡就位在希斯洛機場的航道下，所以房價很低廉。薩勞從 3 歲開始，就會仰頭計算飛過頭上的飛機有幾道窗戶。在他成長的過程中，經常和兩個哥哥與鄰居的小孩賽跑，賽道就是現在停著沒有標示的警車的地方。這幾天，美國司法部追蹤了薩勞的網路 IP 位址後，發現他過著夜行性生活，在美國市場交易到倫敦時間晚上 10 點，然後熬夜到凌晨 3、4 點。他很少在中午之前起床。當大批員警上午 8 點按他家門鈴的時候，他還在呼呼大睡。

　　薩勞的父親個頭矮小，蓄著灰白的鬍鬚。他應了門後，穩定了心神才高聲喚兒子起床下樓。薩勞穿著鬆垮的褲子與汗衫出現在走廊上，茂密的黑髮沖天。「薩勞先生，我們來自倫敦警察廳。」負責這場行動的警官說，「因為你涉嫌詐騙和操縱市場，我們前來逮捕你。你可以保持緘默，但如果你接受訊問時保留部分抗辯至法院始提出，將影響你抗辯的效力。你現在所說的一切將成為呈堂證供。你明白了嗎？」

　　這場騷動已經引來鄰居的注意了。薩勞的母親黛吉特在對面大兒子家幫忙帶孫子，這時腳步踉蹌、頭暈目眩地趕忙回來。鄰居從窗簾縫隙裡看熱鬧。豪恩斯洛是西倫敦較窮的社區，警察並不算罕見，但是很少有一次來這麼大批的，而且沒人知道他們來薩勞家做什麼。薩勞一家人客客氣氣的，

向來很規矩，也定期參加當地宗教聚會，在鄰里頗受敬重。

　　警察要求薩勞先洗個澡，準備幾件衣物，他父母則安靜地在廚房裡候著。等一切就緒，警察開始展開搜索。薩勞的臥室在樓上，髒亂中還散發霉味。房裡有張單人床、一隻和拉不拉多一樣大的填充老虎、一台連結了遊戲主機的大螢幕電視；櫃子裡面有郵購來的髮油，和可以維持肌膚年輕並刺激毛髮生長的乳液；牆上掛了一雙粉紅色的愛迪達足球鞋，還框了起來，上頭有阿根廷足球明星梅西的親筆簽名，寫著「致納凡德。梅西」；角落還有一個世界盃獎盃雷米金盃的複製品。

　　這個警方認定的犯罪現場，只是位在床尾的一個小小工作站，薩勞的電腦設備都擺在上頭：一台接了 3 個螢幕、連上寬頻網路的桌上型電腦，幾個三星硬碟，還有一台看起來有點舊的攝影機；似乎沒有什麼最高科技或是特別不尋常的地方。**這裡**就是薩勞大撈一筆，並且把全球金融體系搞到崩潰的地方嗎？實在太難以置信了。

　　麥當勞裡的兩位檢察官等現場員警確認逮捕了薩勞後，便打電話給美國商品期貨交易管理委員會（簡稱期管會）的檢察官傑夫·勒里胥（Jeff Le Riche），他人就在堪薩斯州的家中等待消息，時為當地時間凌晨 3 點鐘。期管會負責規範期貨產業，從 2012 年接獲消息就開始調查薩勞了，但期管會不辦刑案，權力有限，所以就在 2014 年把案件移交給司法部

後，雙邊聯手處理。勒里胥是期管會的調查小組組長，他一接獲薩勞被捕的訊息，就將預先擬定的電子郵件發給薩勞的交易經紀人與海外銀行，凍結他的帳戶。

就在正午之前，薩勞被上銬帶走。他們要離開的時候，他對其中一位員警說：「兄弟，等我一下。」當天晚上電視會轉播足球賽，因此薩勞想上樓預錄這場比賽。那警員說：「孩子，我不確定你有沒有時間看比賽。」他說得沒錯。薩勞再次回到家時，已經是 4 個月以後的事了，那時他已經成了全世界赫赫有名的「閃電崩盤交易員」與「豪恩斯洛獵犬」，有人覺得他是摧毀市場的兇手，有人則覺得他是現代的平民英雄。

那個下午，美國司法部和期管會都發出了新聞稿，宣布逮捕了嫌疑犯，消息四散。「一名期貨交易員因為在美國電信詐欺、投資詐欺與操縱市場，導致發生了 2010 年 5 月的『閃電崩盤』事件，今日在英國遭警方逮捕。」司法部在聲明中表示，薩勞「利用自動化交易程式操縱市場」，進而「賺取暴利」，並導致「美國股市大跌」。

對許多記者和金融專業人士來說，這份公告既驚人又不尋常。閃電崩盤已經是 5 年前的事了，當時全球市場經歷了劫難般的半小時才恢復正常，有些股票甚至以 0.0001 美分的價格成交易手。該事件之後不僅召開了參議院聽證會，也有無數學術研究與文章發表，但是大家對市場為何會崩潰完

全沒有共識。而如今，美國政府卻意外地聲稱破解了這樁懸案——原來是倫敦有個像孤狼一樣的交易員，在超級市場樓上的交易共享空間，學會一身功夫，破壞了全球金融體系。

這兩篇新聞稿不但沒有回答多少問題，反倒引起更多疑問。如果政府說的是實話，為什麼有關當局花了這麼多時間才採取行動？他們在崩盤的時候寫了 104 頁的報告，為什麼裡面完全沒懷疑有人在操弄市場？如果一個人靠著個人電腦和網路連線就可以引發大規模的災難，這對現代全球金融體系的穩定性來說，又代表了什麼？

薩勞被控「幌騙」（spoofing），這是指交易員大量下單買賣，引誘其他人仿效，然後在執行前取消交易，目的就是要影響市價走向，這是一種全新型態的犯罪。薩勞是全世界第二個被控幌騙的人，也是首位非美國公民。幌騙在金融圈很有爭議性，因為幌騙的受害者都是原本占有優勢地位、獲利豐厚的高頻交易公司，他們慣用的伎倆就是觀察其他人的訂單，再利用快如閃電的電腦系統搶先別人一步。

有些人說，幌騙其實會讓市場更公平，因為這樣一來，麥可・路易士在《快閃大對決》裡面提到的高頻交易員，就沒辦法繼續囂張下去了。無論如何，從商品透過在空中揮手來進行買賣的第一天開始，誤導競爭對手和各種小花招就一直是金融市場裡肉搏戰的一部分。現在，有了高頻交易產業撐腰，幌騙被說是不合法的，但這就好像說虛張聲勢在撲克

牌裡是不合法的一樣。

　　美國有關當局很謹慎地說薩勞**造成**股市崩盤，完全不提細節。新聞頭條肯定想知道「一個人是怎麼搞垮股市的」。到了傍晚，記者和電視台工作人員群聚在薩勞家門口，薩勞的父母親無法提供他們任何答案。「我不懂電腦，」他父親對一名記者說，「這些對我來說也是新聞。」

　　這則故事最後的發展很瘋狂，背後還有更大的格局，說明了決定我們公司市值、食物與燃料價值、退休金規模的市場，在短短幾年內因為科技的推移已經產生了變化；這個市場做過很多承諾，但我們卻不完全明白其中的風險。這是一個關於金融菁英的故事，他們的智力出眾，對於金融體系底層結構的理解超越了社會大眾，所以能從一般投資人手上淘出數十億美元，而執法人員只能袖手旁觀。這個故事也說明了在整個產業自動化，由機器人取代人類之後，人工還有多少價值。最重要的是，這個故事還要告訴你：有一個人不願意接受一手爛牌，決定要奮戰到底，即使親赴地獄也在所不惜。

第一幕

ACT ONE

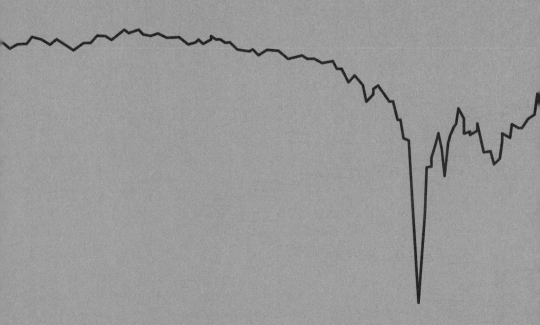

Chapter 1

在壓力之下表現良好

．．．．

「徵求儲備期貨交易員。」《倫敦標準晚報》星期二刊
登了一幅小小的徵人啓事。「歡迎大學畢業，具備以下資格
者：具上進心、擅長分析、有紀律、以目標爲導向、能在壓
力之下表現良好。」

薩勞在 2003 年把履歷寄給獨立衍生性金融商品交易社
（Independent Derivatives Traders）的時候，已經大學畢業兩
年了。畢業之後，他在英國手機電信公司負責遠端銷售，做
得很痛苦；後來他又到美國銀行外匯櫃檯擔任行政工作，他
和交易最近的距離，就是幫銀行大廳裡的有錢人預約往來的
時間。當獨立衍生性金融商品交易社邀請他到薩里郡的威布
里奇面試的時候，他已經失業一陣子，逐漸焦躁不安了。

薩勞自己或許還不知道，但他確實特別適合這份工作。
他 3 歲時，無意間玩了電動遊戲「小老師」，居然誤打誤撞
地學會了九九乘法；等到他開始上學以後，就能在腦中靠著

心算得出更大數字相乘的結果。倒不是說他一看到題目，腦海中就會自然浮現出答案，而是靠著記憶——其他小朋友要把計算過程寫在紙上，薩勞卻可以輕鬆自然地記住每一個步驟。到了高中，問題變得更難了，但他發現他還是不需要用到計算機。數學和科學是他最擅長的學科，他不用怎麼努力就能輕易地得到高分。赫斯頓社區學校絕對不適合乖乖牌，薩勞也很清楚不能讓人家以為他是模範生。他會捉弄同學、一副吊兒郎當的模樣，也很少準時上課。他的導師貝芙莉說他是一個「很討喜的年輕人，非常聰明」而且「很有趣」；同學則說他「很會惡作劇」，但「總是能全身而退」。

　　學校作業對薩勞來說很簡單，而他最喜歡的是足球。他常和朋友一起踢足球。他們夏天會穿著球衣，騎單車到公園踢球，直到天黑才回家，路上還會買炸魚和薯條補充體力。薩勞總是堅持要當前鋒，身負直衝球門、以精準角度射門得分的重任。等年紀大了一點，他的注意力就轉移到電玩遊戲上，尤其是足球遊戲《FIFA》。每次新的一代剛推出，他就會投入好幾個小時精通所有招式，最後在全球 300 多萬名玩家中名列前 700 名。不過，薩勞並不支持英國隊，歸屬感對他來說沒有優越感來得重要，他傾心的是巴塞隆納。

　　1998 年，薩勞暫時離家到布魯內爾大學主修資工和數學，那是一所距離豪恩斯洛數英里遠的中段大學。大部分的大學生都很窮，不過薩勞的室友卻好像隨時都有錢花。有一

天，薩勞問他為什麼買得起昂貴的衣服。「炒股啊。」他同
學說。當時，網路產業就像吹漲的泡泡一樣蓬勃發展，那位
室友把學生貸款存到了券商帳戶，靠著買賣科技類股來支付
學費。薩勞心想，這會有多難？於是他開始猛啃所有關於交
易的資訊，在網路上搜尋買賣股票的祕訣，埋頭苦讀所有金
融理論的教科書，然後開了自己的帳戶，試著進行交易。

　　獨立衍生性金融商品交易社在一家維特羅斯超市的樓
上。要進到這家交易社，必須爬上超市後方的階梯。社內有
兩個主要的空間，比較大的是「交易室」，有 10 多個櫃檯，
還有連結全世界主要商品交易所的電腦。乍看之下，沒有華
麗又時尚的金融感，內部陳設很呆板，設備有點過時，窗外
的景觀就是停車場。威布里奇是個富庶、慵懶的小鎮，周圍
都是高爾夫球場和汽車展示中心，證券交易公司會選在這個
地點非常奇怪。從歷史悠久、摩天大樓林立的金融重鎮倫敦
市中心搭火車過來這裡要 45 分鐘之久，這個小鎮真的是遠離
塵囂。

　　英國和美國有愈來愈多自營交易公司如雨後春筍般地
冒出，獨立衍生性金融商品交易社就是其中之一。他們的商
業模式很簡單易懂，而且至少在那一陣子獲利豐厚。該社會
招收一批想要成為交易員的人，教他們在市場上成功所必
備的技巧，通過的人就能獲得大筆資金，失敗的人就必須離
開。交易員每個月要付 1,700 美元的櫃檯費，剩下的獲利金

額必須和公司拆帳，新手可得 50%，最成功的交易員則可得 90%。每一筆交易，公司也會抽一點，交易員稱為「返程過路費」。這表示，就算不是每個交易員都能賺錢，只要他們一直買、一直賣，至少會有幾個人賺大錢。就如對手陣營所說：「在淘金熱潮中，賣鏟子的通常會發財。」

這整個世代的畢業生都野心勃勃，他們看著電影《華爾街》和《你整我，我整你》長大，但卻沒有漂亮的學歷和豐富的人脈可以去摩根大通上班，因此像上述的機會自然很誘人，令人難以抗拒。獨立衍生性金融商品交易社在這群新鮮人到職的時候，會慷慨激昂地告訴他們，單日表現最好的交易員可以自由決定上下班時間，上班不但可以穿拖鞋，收入還和足球明星一樣高。他們只要準確預測市場會往上或往下走，而且預測正確的次數比錯誤要多，就能有錢又自由了。當然，實際上要持續打敗市場是很困難的，更不用說是在距離資訊流如此遙遠的地方了。

薩勞和其他應徵人選總共要通過三關考驗。第一關，求職者要通過麥奎格心智敏捷度測驗（McQuaig Mental Agility Test），這是一種多選題的心理測驗，可以判斷受試者找出模式以及語文推理的能力；接著則是一對一測驗求職者心算三位數乘法的能力。通過前兩關的求職者，過幾天之後還要回來參加 2 小時的面試，他們要面對很多假設的情境，並即時反應。這家交易社要找的人，必須展現出思考優勢、分析

能力、社交能力，勇於採取風險，同時還要對市場有熱情。

遴選委員包括交易社的創辦人帕奧羅・羅西（Paolo Rossi）、他弟弟馬爾科（Marco Rossi）、初級合夥人丹・高柏格（Dan Goldberg），以及當時負責該社訓練事宜的人。他們就像一個失能的家庭組合。

帕奧羅是短小精悍、沉默寡言的男性領袖，他 1980 和 1990 年代在倫敦不成功便成仁的期貨市場裡賺了大錢，37 歲就在威布里奇買了豪宅，和艾爾頓・強當鄰居。他穿著量身訂製的西裝外套，內搭高領毛衣，上班開著全新的法拉利，舉手投足都在讓員工憧憬自己成功的模樣。

在帕奧羅之下，負責處理日常業務的是馬爾科，他小帕奧羅 2 歲，又多了幾公斤，接收到什麼指令就去執行。他穿著毛背心，開著家庭房車，交易員在他背後稱他為荷馬・辛普森。社內還八卦說羅西兄弟的爸媽都是蘇格蘭人，兄弟倆的本名是保羅和馬克，但為了聽起來更響亮，於是自己改了名字。不過這傳言只對了一半──羅西兄弟的祖父是義大利人，但他們確實是長大到江湖闖蕩以後，才把原本很英式的保羅與馬克，改成義大利風的帕奧羅和馬爾科。

高柏格才 20 幾歲，顯然扮演著這個家庭裡的青少年。他當帕奧羅的跑單員當了一陣子之後，就被帶來威布里奇管理社內的交易員，他在執行這項任務的時候總是毫不掩飾他的輕蔑之意。他在辦公室穿著卡通人物暴躁先生的上衣，和水

手一樣滿口髒話。

　　納凡德·薩勞順利通過了測驗。最讓羅西兄弟印象深刻的是，薩勞心算的速度比他們按計算機還快，他都答完題了他們還沒算好。可是薩勞在面試的時候就沒有留下那麼好的印象了，骨瘦如柴的他面試時不僅遲到，身上的西裝看起來也好像是別人的一樣。他說話的時候不和人正眼相對，而且每個句子的開頭都是「老兄」「兄弟」或「就那樣，對」。薩勞或許不夠洗鍊，但他確實展現出潛力。他對電玩有興趣就代表他能專心，且手眼協調度高；而且他自信頂天到了搞笑的程度 —— 遴選委員問他，在職涯中希望能有什麼成就，他繃著臉說他想要和巴菲特一樣有錢，做自己的慈善事業。最後，薩勞通過遴選，成為獨立衍生性金融商品交易社的第二批交易員。

. . .

　　獨立衍生性金融商品交易社的根基，和多數英國的期貨交易共享空間一樣，可追溯至倫敦國際金融期貨期權交易所開幕的 1982 年。期貨就是金融合約，一方同意要販售一項資產，例如 100 升小麥，並約定在未來的特定日期交貨。原本的用意是要讓企業可以規避潛在的風險。以養豬戶為例，若她曉得 6 個月之內要餵牲口多少穀物，可能就會同意今天以

約定好的價格先訂購小麥，減少從現在到未來價格波動的風
險。當然，未來小麥的價格可能會下跌，她本來可以省筆錢
的，這時候就省不到了；可是能夠預先規畫所需的花費以及
價格的穩定性，這筆交易就很值得了。沒有多久，第二群投
資人，也就是投機客，開始出現在交易所。他們用自己的基
金買賣期貨，唯一的目標就是要獲利。假設有個投機客聽說
小麥今年大豐收，因此相信小麥的價格會下跌，他現在就會
賣掉小麥的期貨，希望過一陣子等價格下跌再買回來。他根
本一點也不想要擁有任何小麥，對他來說這只是一種資產，
和買賣黃金或通用汽車的股票毫無差別。

　　1個多世紀以來，只有芝加哥期貨交易所和芝加哥商品
交易所（以下簡稱芝商所）能買賣期貨，不過到了1979年，
柴契爾夫人當上首相，將英國帶入了掠奪式資本主義與法規
鬆綁的新世代。3年後，一個專注於金融期貨的歐洲市場於
焉誕生，這裡的期貨交易以債券、股票、外匯和利率的未來
價值為主，而不是小麥或金屬等商品。倫敦國際金融期貨期
權交易所的原址為皇家交易所，這座雄偉深邃的方形大劇場
就位於英格蘭銀行對面。1571年，這棟建築物竣工的時候，
原本是作為商人集會所，金融交易員不得進入，因為他們「態
度粗鄙」；400年後，這裡已經被金融交易員占據了。

　　第一批走進倫敦國際金融期貨期權交易所的人被譽
為「首日交易員」，包括連續創業家大衛‧摩根（David

Morgan），他不但在倫敦時尚重地卡納比街經營精品店，還有傳言說他在 1970 年代把魚乾賣到奈及利亞，賺了一大筆錢。摩根儀表體面，態度和藹，鬍子修剪得很整齊，所以許多人稱他為「上校」。交易員見他經過都會向他敬禮。摩根本人並不是最厲害的交易員，但是他可以嗅出別人的潛力，支持新秀，栽培了很多勞工階級出身的高中畢業生。他們很景仰他，也很樂於分出自己的利潤，換取賺大錢的機會。

　　帕奧羅就是其中一人。他和弟弟在南倫敦長大，媽媽是家庭主婦，爸爸是警探。讀書對帕奧羅而言不是什麼難事，他早就通過數學資格考了。可是他不止步於此，當他的朋友都去上大學了，他卻決定在英格蘭銀行從基層幹起。在櫃檯後面虛度幾年，學會利率和殖利率曲線之後，他在一家商人銀行裡找到了新工作，他所任職的部門用期貨來為投資組合避險。有一天，有個經紀人邀請他去參觀倫敦國際金融期貨期權交易所。他們相約下午 1 點 25 分在交易所高聳的石柱前見面，而 5 分鐘後有個重大的經濟消息就要宣布了。

　　「就連現在，當我回想起當時的情形，後頸的寒毛還是會豎起來。」帕奧羅說，「你一走進去，那股氣氛就會先衝擊你。接下來是噪音，每個人都在對彼此吼叫。他們的雙手在空中揮舞，大家都想要得到別人的注意。隔間裡的女孩在尖叫。這就好像你從一個完全安靜的地方，忽然走進溫布利體育館觀賞英格蘭足總盃決賽一樣。我當下就知道我想要來

這裡工作。」

　　倫敦國際金融期貨期權交易所裡面分為好幾個不同的營業廳，略有坡度的地板上擠滿了汗流浹背的人，買賣就在這裡進行。在狂亂的 8 小時內，交易員看著環繞四周的小隔間所打出的手勢，不停下訂單。收盤以後，整個交易所空了，周圍酒吧就滿了。倫敦國際金融期貨期權交易所的生態系裡面有三個族群：摩根大通、高盛集團等公司的經紀人，他們穿著不同顏色的西裝外套，擔任買賣中間人，執行客戶在電話裡指示的訂單，客戶包括了國際企業和退休基金：第二個族群是跑單員，他們穿著黃色上衣，不斷傳遞訊息，同時還要避免撞傷其他人；最後，在食物鏈頂層的，則是穿著紅色外套的場內代表，他們就是透過自有帳戶買賣來取得利潤的投機客。他們向來冷酷無情，隨時準備好要買或賣，市場能夠有「流動性」都是靠他們。

　　帕奧羅辭掉工作，自願減薪，從大衛・摩根期貨公司的跑單員做起。兩年內他就開始進行交易，到了 26 歲，他已經成了場內代表，在最大、最激烈的營業廳「公債」買賣德國政府的債券期貨。過不了多久，他就成立了自己的公司，開始栽培新一代的交易員。要挖掘期貨的新星並不容易。據說有個芝加哥的交易員曾經因為心臟病發躺在地上，但還是持續在交易；有些老闆喜歡雇用健壯如牛或體育選手退役的交易員，這樣才能在人群中立足；但有些最成功的交易員，像

帕奧羅本人，就是說話輕柔、體格瘦弱的。略懂經濟理論還
不如心思敏捷、決策果斷、有毅力、厚臉皮，並且對別人有
影響力。當然，若是能心態健康地漠視金錢的價值也很好。

　　帕奧羅賺錢的方法就是持續交易，以獲得資訊，了解全
局。「有時候你不曉得行情，但如果你先買個部位，就算只
是 1 口（1 口就是一張合約），你就可以開始學點東西。別
呆站著，買更多或賣掉。你有什麼感覺？你會很訝異！多少
次你買了 1 口之後就開始想：『我希望價錢能漲上去。』然
後看到價錢一直沒上漲，結果最後你賣了 10 口。你買的那 1
口幫你做了個決定，你就從那裡開始。」

　　人際關係也很關鍵。掌握大單的經紀人都會先去找熟識
的交易員，然後有些眼光銳利的人就會想辦法插隊──這個
不合法卻又難以避免的行為稱為「超前交易」。不過，在交
易所，你的終極目標就是要變成大戶，帶領風向，只要你一
選好邊，就可以看著小魚排在你後面，心裡想著你必然是知
道了一些他們不知道的消息。賠錢的風險一直都在，但如果
你能進入最高階層帶領風向，報酬就非常優渥。「我還記得
我賺到 100 萬的時候。」帕奧羅說，「我那年 26 歲，我跟我
身旁的人說：『接下來賺到的 10 萬英鎊我要隨心所欲地花。』
我做到了。我買了輛法拉利。」

　　接下來的 10 年，帕奧羅和其他交易員都開著名車，過著
放蕩的生活。他們因為和柴契爾夫人關係密切，被稱為「瑪

姬的小老弟」。媒體說他們是雅痞，但他們在其他輩子可能是水泥匠或鋪地毯的工人。有一陣子，他們似乎所向無敵。1997 年，倫敦國際金融期貨期權交易所新園區的外面立了一尊雕像：一個男人（根據估計，即便到了 2018 年，每 8 名交易員中只有 1 位女性）一手拿著手機，領帶鬆開了，唇邊有抹狡獪的微笑。這為期貨交易員的浮誇建立了不朽的形象。這尊雕像現在位於博物館，這個下場似乎也暗示了交易所營業員的命運。

　　許多研究金融市場的歷史學家都同意，第一樁以電腦進行的證券交易是在 1969 年 12 月。不過，紐約科技公司極訊（Instinet）剛開始的股票交易系統太領先時代了，所以在接下來的 20 年內都還無法累積足夠的成效。使用電腦可以更快速地排列買家與賣家，而且不必請人穿著亮黃色背心跑來跑去，因此成本更低廉。可是大家都擔心，電腦畢竟會故障，也比較不會應對市場中千奇百怪的現象。每筆交易額度都很高，實在不必犯險把數百萬美元的訂單交給機器來處理——至少當時銀行與經紀公司的既得利益者都很滿意現狀。

　　這種情形一直持續到 1987 年 10 月 19 日的股災才有了轉變，這天就是知名的「黑色星期一」，道瓊工業指數下跌 23%，美國老百姓的財富憑空少了 1 兆美元。事後檢討才發現，很多經紀人為了掩飾投資損失，都不接客戶的來電。過了幾年，美國聯邦調查局以詐騙與超前交易的罪名，起訴 46

名交易經紀人與芝加哥期貨交易所的營業員，金融業的名聲再度遭到重擊。值得信賴的市場人員瀕死掙扎，10 年之內，新的電腦系統不斷開發出來，讓買家和賣家可以透過電子方式互相交易。有很長的一段時間，跑單員大聲呼喊、揮動手勢的現象和電子系統同時存在。不過，因為家用電腦與網際網路逐漸普及，驍勇善戰的交易員終於敗下陣來，買家和賣家不再需要齊聚一堂進行交易，市場開放給全新的居家投資者。另一方面，倫敦國際金融期貨期權交易所的終結來得既緩慢，也很突然。

　　法蘭克福的德國期貨及期權交易所在 1990 年發表了期貨的電子交易平台，在知名的「公債之戰」中開了第一槍。剛開始，倫敦國際金融期貨期權交易所無視這項威脅；接下來交易量開始下滑，於是他們開始宣傳交易員公開大聲叫喊的方式絕對勝過電腦，還改革了收費結構，但是當德國期貨及期權交易所宣布讓所有交易員免費使用平台之後，大家就都出走了。1996 年，所有重要的公債交易有 70% 在倫敦完成，隔年只剩下 40%，再隔年就只剩下 10% 了。每天上午走進交易所的營業員愈來愈少，最終，到了 1998 年 8 月，公債營業廳永遠關閉。其他市場很快地也紛紛熄燈了。

　　帕奧羅想要為流離失所的交易員提供一個家，但只有很少人能轉型成功，多數從營業所退役下來的員工都覺得他們有志難伸。在螢幕上買賣期貨照理說應該和面對面買賣沒什

麼差異，但實際上，這是完全不同的工作，需要完全不同的技能。首先，線上交易是匿名的，人脈的重要性降低了，戰場變得更民主，人人都有機會。當你不知道你在和誰交易，暴力就不再是一項資產了。交易的速度飆升，反應迅速和手指靈活敏銳的人因此受惠。帕奧羅讓他手下的人都走了，自己沉澱了 1 年才重新開始。

• • •

薩勞和其他獨立衍生性金融商品交易社的新進員工，在 2003 年 5 月首度齊聚於威布里奇。名冊上，他們和第一批錄取的交易員加起來約有 12 人。當你環顧這間辦公室，就可以很清楚地看出這些人背景多元，也都接受過良好的教育，只不過全部都是男性。其中有亨利商學院碩士，很愛裝腔作勢又對板球非常狂熱的費卡許·魯伽尼（Vikash Rughani）；安靜勤奮型的希拉茲·海珊（Shiraz Hussain）；高眺又有教養，看起來就應該在倫敦高檔銀行裡工作的克里斯·莫里斯（Chris Morris）；身材渾厚，經常掛著微笑，聲音宏朗，來自賽普勒斯的佩特羅斯·喬瑟菲德（Petros Josephides）；以及社內的金童布萊德利·楊（Bradley Young），他是個愛交朋友的澳洲人，他走進酒吧的時候可能一個人都不認識，但離開的時候可以挽著正妹，同時多了 10 個拜把兄弟。

「納凡德和我們的背景都很不一樣，」其中一人說，「我們都來自中產階級，受過良好教育，很國際化；他卻是個勞動階級出身的孩子，既非專業人士，也沒辦法像正常人一樣對話。他每次說話都會講些很奇怪的言論。我們都說他很『中二』。」

連續 8 個星期，這群人一起在交易社狹窄的教室裡學習交易的基礎理論。由過去在倫敦國際金融期貨期權交易所工作過的營業員教他們經濟學、市場、金融商品、風險管理等課程，並安排回家作業，像是閱讀《金融怪傑》《股票作手回憶錄》以及《史泰米亞論市場》（Steidlmayer on Markets）等經典書籍。高柏格粗略地說明了用交易軟體下訂單與取消訂單的基本要素。帕奧羅的戰爭故事讓這群新鮮人聽得津津有味。他們學會如何閱讀報表、判斷市場概況，他們以檢視群眾效應、研究市場崩盤的歷史和人類史上第一場泡沫經濟——17 世紀荷蘭的鬱金香狂熱，來探討心理學的重要性。

這群菜鳥在訓練期間每個月可領 500 英鎊（當時大約等於 800 美元），但其中有一大部分都用來通勤。為了要平衡收支，他們都會買樓下超市低價促銷的三明治，到隔壁的空辦公室裡吃。他們都才 20 歲出頭，除了來交易社工作外，沒有其他養家的責任，所以很快就互相熟稔了起來。「就像軍隊一樣，」其中一人說，「我們一起入伍。雖然沒有錢，但有遠大的夢想。」納凡德‧薩勞雖然會在課堂裡和大家一起

嬉鬧，一天結束後其他同學常去酒吧放鬆，他就會跟他們分道揚鑣。

幾個月之後，這些新手就上模擬器實作了，他們以真實的即時價格買賣期貨。每天上午都要面對新挑戰：有一天，他們只能下一筆訂單；隔天他們要進行無限多筆交易；有時候他們要交易的期貨和股價指數連動；其他時候他們則練習操作公債。他們驚訝地發現，當賠錢也無關痛癢的時候，要賺到錢真的簡單得不可置信。沒有多久，他們就摩拳擦掌，想拿真正的現金來測試自己的技巧了。似乎只有薩勞喜歡持續觀察市場，和其中無限的可能性。

在這群人當中，喬瑟菲德在練習時表現得最好，也是第一個獲准使用真錢下場的人。他開心地滿臉笑意，開始利用電腦介面進行操作。不過現在和前幾個星期不同，每次他一下單市場就和他作對，他的帳戶不但歸零，還繼續賠下去。到了下午 4 點半收盤的時候，他已經欠了 2,000 英鎊。喬瑟菲德必須先把這筆欠款還給交易社，才能有其他收益。傲慢的教訓很苦痛，他們未來還要持續在這條路上修行。

Chapter 2

豪賭小子

· · · ·

　　每個人都知道，納凡德‧薩勞在操盤的時候，不能打擾他。每天有 8 個小時，他都坐在營業廳最後面那張獨立的電腦桌前，他的臉距離螢幕才幾公分，整個人看起來就像僵直了一樣。為了從外在世界抽離，他會戴上厚重的紅色耳朵防護罩，就是馬路工人最喜歡的那種。他不和任何人對話，只有手指會動。除了他和市場，其他一切都不存在。

　　芝加哥大學心理學教授米哈里‧契克森米哈伊（Mihaly Csikszentmihalyi），以「心流」來描述一個人完全專心地沉浸在任務中的出神狀態。當我們運用技巧來面對西洋棋或瑜伽等挑戰時，若要深層地專注、掌握，並從中得到滿足，那就是進入了心流狀態。這時，你可能對時間、飢餓、疲倦都無感，徹底失去了自我。在那極樂的瞬間，忘了自己是誰，只能單純地做出反應。許多教練都希望能創造心流，但是契克森米哈伊表示，有些人具備「自成目標的人格特質」，可

以自然而然地進入心流狀態，而不是爲了得到金錢、地位或肯定；這件事本身就是最棒的獎勵。

在加入獨立衍生性金融商品交易社之前，薩勞就知道他可以打電動打很久，而且比別人更專心。他玩《FIFA Online》的時候，會押注好幾百英鎊，勝率高過全球前 100 名的玩家。但是太過專心致志也有缺點，他就曾經心不在焉到危險的地步。例如他爲了通勤特別買了一台 125cc 的摩托車，結果他常常連安全帽都沒脫下來就開始操盤，還時不時摔車。不過，說到買賣期貨，納凡德・薩勞高超的專注力眞的是一份天賦。

2005 年，薩勞進入交易社 3 年後，交易員的數量已經多到辦公室都坐不下了，於是他們就遷到西北幾英里，還是要通勤上下班，而且環境比較沒有那麼悠閒的沃金鎭。羅西兄弟把公司改名爲「期易」（Futex），租下一棟 1980 年代水泥磚塊大樓的一整層樓，同一條街上還有公廁和一間已經歇業的酒吧，叫作「老鼠與鸚鵡」。他們雇用更多交易員，每年招收兩個梯次，每梯 10 人；雖然降低了求職者的門檻，但是訓練課程更扎實。幾年之內，公司就有 40 多位營業員，個個身手和背景都不同，大家都想來挖金礦，清早一來到深夜離開這段期間，就是不斷地賺進交易佣金。

新的辦公室有個接待區、小組討論室、廚房，以及貼了拳王阿里海報的教室。帕奧羅和馬爾科有自己的辦公室，其

他人都在營業廳，那裡有好幾排電腦桌，中間以一條走道隔開，唯一的裝飾物是一盆看起來很難過的盆栽。營業廳裡的氣氛會隨著市場波動而起伏，內部擴音喇叭傳來的即時新聞也會影響氣氛。就業指數等重大的經濟新聞發布前，氣氛會特別浮動，高柏格會像個煩躁的圖書館員一樣不停地來回踱步，要實習交易員閉嘴。如果數字符合期望，天花板就要被吵鬧得掀掉了。最資深的交易員負責定調。穿著夾腳拖和衝浪短褲來上班的布萊德利・楊，習慣在不如意的時候罵澳洲粗話，他最喜歡說的是：「搞屁啊！」有一個交易員只因為捶牆壁就被趕了出去。

　　薩勞覺得這些裝腔作勢的動作和負面情緒會降低他的生產力。「你會聽到別人說：『我不喜歡操盤。』」他曾經對朋友說，「這些話會打擊士氣。如果你不阻止他們說下去，就會開始影響你。」他相信情緒狀態對成功很重要，所以很強硬地防守自己的情緒。「你必須要有強健的心智。很多人在潛意識中厭惡自己，就會表現在市場裡。你要維持自我價值。你要讓自己覺得你值得擁有這些錢！」薩勞的解決方法就是完全抽離自己，他選了最後方、最靠近廁所的電腦桌，和別人保持 3 排的距離。

　　在期易，擁有螢幕的數量是一種榮譽的象徵。交易員一般都有個 8 台、10 台螢幕，上面顯示各種圖表、新聞報導、閃爍的價格，好像他們在駕駛太空船一樣。他們認為，只要

充分了解世界的脈動，就能夠做出更好的決定；再說，這樣看起來很酷。薩勞處處與眾不同，連螢幕也一樣──他只用2台螢幕，只要足以顯示他用來賺錢的軟體工具就夠了。

這時，納凡德・薩勞主要在操作標普500的E-mini。標準普爾500指數是美國首屈一指的大型股價指數，追蹤500家在紐約證交所與納斯達克掛牌上市的大型企業；標普500指數期貨，則是以標普500指數為標的物的股價指數期貨商品。股價有漲有跌，標普500便是把美國企業界的財富化為一個指數。為了配合美國開市的時間，薩勞下午2點前才會去上班，多數人那時候都剛結束午休回到辦公室；他會一直待到晚上9點才登出，這時大家都走光了。在芝商所的電子平台上，E-mini每天的交易額高達2,000億美元，交易量遠超過個股買賣的金額。這是全世界最流動的市場，有銀行、企業、避險基金和資產管理公司等，在這個市場裡共同關注美國經濟的前景，或為其他投資避險。

薩勞就和期易的其他交易員一樣，本身對美國企業界的榮景沒什麼興趣。他從來沒去過美國，有時間的話會選擇看球賽網站而不是《華爾街日報》。他不像巴菲特，靠著大量閱讀財報和業務數據來尋找價值被低估的公司；也不是會根據地緣政治事件和利率間複雜的互動來預測未來市場走勢的經濟學專家。他的眼界比較短淺，他就是一般人口中的「剝皮者」（scalper）──在同一天先低價買進預計價格要上漲

的股票，待股價上漲到一定幅度時，就迅速將剛剛買進的股票全部拋出；或者是先高價賣出預計價格將要下跌的股票，待股價果然下跌到某一價位時，就在當天買進先前拋出的相同種類和數量的股票。剝皮族就是會在一天之內進出市場，小贏幾場，趁市場波動時大撈一筆的人，以賺取當天的股票價差收益為目的。每天結束的時候，他會確定自己已經「平倉」，隔天又是全新的開始。

單一一張 E-mini 的價值——也就是最低押注金額——就是標普 500 當時的價值乘以 50。2007 年中，當標普 500 的價格在 1,500 左右波動時，一張合約，或稱「1 口」，就是 7 萬 5 千美元。市場波動以 0.25 為最小的升降單位，所以不管當時指數是多少，每次調動 0.25，就表示一張合約的價值增減了 12.5 美元（0.25×50）。所以如果交易員在 1,500 的時候買了 100 口（也就是 750 萬美元），等價格往上 1 格（tick）再賣掉，就可以賺 1,250 美元。當然，不是每個人都有 750 萬美元可以操作，所以就需要交易經紀人。交易經紀人是交易員與交易所的中間人。就算是在波動最劇烈的情況下，標準普爾一天也只會漲跌幾個百分點，所以他們不會要求客戶付清部位總額，而是只會收一個比較小的金額，也就是「保證金」，這個金額經過計算後可以負擔潛在的損失。即便如此，小賠累積起來的金額也可能很大，所以期貨市場裡幾乎只有專業人士。

　　不管何時，任何金融交易所裡面都會有兩個即時價格：現行售價，或稱「最佳報價」，也就是任何人都願意接受的最低價格；另一個數字是現行買價，或稱「最佳買價」，也就是任何人都願意付出的價格。兩個金額的差距就是「買賣價差」。標普 500 E-mini 的交易量很大，但通常波動不會持續大過最小跳動點。

　　要在芝商所的電子交易平台上買 E-mini，交易員一定要下訂單，這通常有兩種方式。如果他願意以「最佳報價」交易，例如 1,500，就要送出「市場訂單」，交易會立刻完成；如果他想要少付一點，就可以出較低的價格，例如 1,499，然後期待市場會往下跳動 4 格，這通常稱為「限制訂單」，隨時可以取消。不管是哪一種訂單，執行之後，他就擁有「多頭部位」。要離開這場交易，只要賣掉等量的 E-mini，期待價格可以比他的買價高，這樣就能「平倉」了。交易員也可以「看空」市場，賭價格會下降，那就可以反向操作，賣掉一些 E-mini，等價格下跌再買回來。（在操盤的時候，只要能補回來，你甚至可以賣掉你並未持有的東西。）

　　薩勞螢幕上最重要的東西就是「階梯」（ladder），那可以顯示出即時的交易現況和進出市場的訂單。階梯也稱為「中央限價委託簿」（central limit order book, CLOB），長得像微軟的試算表，有 3 欄，內容則會持續更新變化。中間的那一欄有 20 個價位，從高排到低，列出了現行賣價和現行買價

往上和往下的 9 個跳動點。每個價位旁邊都有一個數字，顯示出有多少訂單在「排隊」，等著用那個價格交易。整體來看，階梯提供了一個不可缺少的窗口，讓人可以看到市場上任何時間點的供需狀況。

薩勞的螢幕上，在「階梯」旁邊的是個簡單的價目表，標繪了 E-mini 的漲跌，他以此預測整體市場的情勢，並找出市場可能重複的模式。其他同事曾經問他為什麼要這麼緊密地監控階梯上的資訊？他解釋說：「這張圖繪出了人們的恐懼與貪婪。你在買賣的就是這個，人們的恐懼與貪婪。他們會不斷重複自己的行為。每個人恐懼和貪婪的程度不一樣，但是以集體行為來看，就變成了可以測量的數據。」

對某些人來說，成天盯著螢幕上的數字和表格很無聊，但是對於願意投入時間來理解謎團的人來說，階梯會讓他們上癮 —— 他們在這個令人困惑、瞬息萬變、規模龐大的零和遊戲裡，和全世界腦子最精明的人爭奪無可限量的財富。每次獲利，腦中就會釋放大量多巴胺，賠錢則讓人生無可戀。腎上腺素和皮質醇不斷在血管裡循環。套句帕奧羅‧羅西的話：「操盤的時候，你就活過來了。」

剝皮族會分析階梯，尋找線索，預測價格漲跌。以最基礎的例子來說，如果目前賣單的數量大過買單，那看起來供應便多於需求，就可以合理推斷價格會下降。不過，實際上要考量的因素很多，例如價格波動的速度，還有多少訂單接

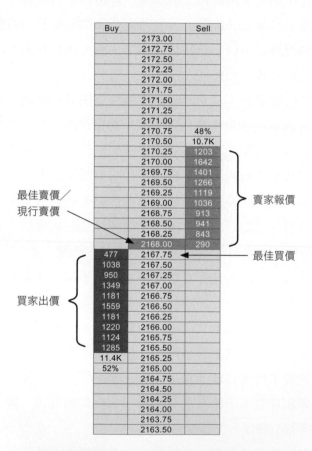

Buy		Sell
	2173.00	
	2172.75	
	2172.50	
	2172.25	
	2172.00	
	2171.75	
	2171.50	
	2171.25	
	2171.00	
	2170.75	48%
	2170.50	10.7K
	2170.25	1203
	2170.00	1642
	2169.75	1401
	2169.50	1266
	2169.25	1119
	2169.00	1036
	2168.75	913
	2168.50	941
	2168.25	843
	2168.00	290
477	2167.75	
1038	2167.50	
950	2167.25	
1349	2167.00	
1181	2166.75	
1559	2166.50	
1181	2166.25	
1220	2166.00	
1124	2165.75	
1285	2165.50	
11.4K	2165.25	
52%	2165.00	
	2164.75	
	2164.50	
	2164.25	
	2164.00	
	2163.75	
	2163.50	

最佳賣價／現行賣價 → 2168.00

賣家報價（2168.00～2170.25）

最佳買價 → 2167.75

買家出價（2165.50～2167.75）

階梯顯示出進出市場的即時交易，是一扇寶貴的窗口，可以看出市場的供需。例如圖中，交易員下了訂單，要在價格是 **2167.75** 時購買 **477** 口。

近最佳買價或最佳賣價；另外，誰下了訂單、為什麼下這張訂單，也很值得研究。國際退休基金進場交易了 10 億元，其中一部分資金用來一點一點地買入 E-mini，這項資訊就比較有影響力，勝過一群投機的剝皮族一會兒下訂單一會兒又取消訂單，賺取差價。因為芝商所裡的交易都匿名進行，任何人都不可能百分之百確定資金來源，但是優秀的交易員就是有辦法知道他們的對手是誰，找到回應對戰的方式。

　　最難懂的是委託簿裡的買價和賣價，不見得會反映出買家和賣家真正的意圖。上一段提到的退休基金不一定會下一筆大單，讓全世界知道現在是適合進場買 E-mini 的時機，或許這個退休基金會拆成好幾張小訂單，利用芝商所裡面的「冰山」功能；另一名交易員可能也想盡量製造噱頭，在階梯裡輸入許多買方報價，但他其實沒有真的想成交，只是想要引誘投機的交易員跟風，這樣他就能哄抬價格，像交易場裡穿著紅色外套的場內代表一樣，希望能虛張聲勢，左右市場。這種長期以來不曾間斷的爾虞我詐，就能解釋為什麼在期貨市場裡，10 筆訂單中有 9 筆會在執行前取消。

　　就像撲克牌玩家會觀察對手眼皮有沒有不自覺地跳動，或從其他玩家下注的模式來推敲對手拿了什麼牌，交易員也要找出模式並運用統計分析來填補知識的空缺。賣方市場每 10 分鐘就會出現 50 筆訂單？這或許是他們可以運用的演算法；有人一直出價要買 139 口合約？或許是一個自視甚高的

交易員，懶得整理訂單規模。在市場中，每一秒都有數百人在同時交易，變化無窮。就像爵士樂手學會了音階後，可以自由地即興演奏一樣，納凡德・薩勞也可以在潛意識中評估階梯，同時進行複雜的計算——**過去 12 次我都看到價格往這裡走，另一件事情發生的機率是 85%，我該買！**他這種快如光電、讓羅西兄弟在面試他時佩服不已的心算能力，操盤時就能派上用場。他左手在鍵盤上盤旋，右手握著滑鼠，用嚇死人的速度在買賣期貨。「我知道這聽起來很扯，可是他就像《西方極樂園》裡面的機器人或《駭客任務》裡的尼歐。」2007 和 2008 年在期易待過的雷夫・席德（Leif Cid）回想，「他不只是在觀察市場。他就**活在**市場裡。」

　　加入期易的時候薩勞還只是新手，4 年後，他的可用資金已經有 40 萬美元，也在營業廳裡建立了自己的氣場，而大部分的人都做不到 1 年。順利的話，他每天在扯下耳朵防護罩之前，就能賺進 2 萬至 2 萬 5 千美元，然後戴上安全帽，騎著搖搖晃晃的摩托車回到豪恩斯洛。新進的交易員都知道留意那個穿著棕色破爛皮夾克的邊緣宅，他總是下午 2 點才出現，坐在最後面，進入美國市場交易。新人會圍在風險管理師的電腦旁邊，伸長脖子看他操作的部位規模。他們還怯生生地一次買個 1 口、2 口，納凡德出手就是上百口，代表他操作的資金通常都突破 700 萬美元。以這個量級來看，每次指數跳動，他的帳戶就會增減 1,250 美元。每隔幾小時，

薩勞就會站起來往廚房走，裝滿一大杯牛奶，像動物餓慘了的模樣，一口氣喝乾。他同事席德和其他運氣沒那麼好的朋友會跟著他走進去，問他覺得那天的市場怎麼樣。薩勞會盡力傳授一點智慧，但是他真正的過人之處卻無法傳授。席德還是會在他身邊繞來繞去，「至少沾點彩頭。」他說。

　　有時候薩勞的決策實在是讓其他交易員無法捉摸。他們在學著操盤時，第一課就是：永遠都要設定停損點。停損點就是當市場價格碰到你設定的門檻時，就不再買賣。舉例來說，會買 E-mini 的交易員就是認為標普 500 指數會往上，所以他可能會把停損點設定於成交價以下的 20 格，避免賠太多。大家都認為停損是個很重要的工具，可以避免災難般的劇烈損失，就像一張安全網，可以保護自己在股市跌到不見底的時候，不會賠掉身家。薩勞不設停損點，他說他比較想要「自由呼吸」。這種高風險的投資觀念認為，朝著賠錢方向前進的交易有機會可以逆轉勝。如果薩勞對他持有的部位非常有信心，又不想被上上下下的波動影響，他就會離開電腦桌，走向門邊，用他自己安裝的門上單槓拉幾下。有時候也能看到他躺在接待區旁邊的沙發上用手機玩《冠軍足球經理》。「你如果走過去說：『你他媽的在做什麼？市場要瘋了。』他就會回應：『這是我的時間分析。』」喬瑟菲德回想的時候說：「沒人知道『時間分析』是什麼。這後來變成我們公司才懂的笑話：納凡德又在『時間分析』了。」

　　打從一開始，薩勞就會爭取用更多資金來進行交易。每次他達到新的里程碑，就會邁步走向馬爾科的辦公室，關上門，要求調整風險限制。對羅西兄弟來說，這有點爲難。一方面來說，納凡德‧薩勞確實是金雞母，他分潤之後付給公司的交易費已經足夠提供新手的交易資金了。但另一方面，他們不希望放太多雞蛋在薩勞這一籃，避免他有朝一日把整家公司都拖了下去。通常在薩勞大聲對馬爾科說出他心中眞實的想法，讓半數營業廳樓層的員工都聽得一清二楚之後，他們都能找到妥協之道。

　　不停損、鉅額交易、「時間分析」，這些特質都顯示出薩勞鶴立雞群之處：他根本不受風險影響。不管交易 1 口或 100 口，他的態度都一樣。如果交易做得對，他就會推論：這樣才對，沒必要縮手。「如果你不在乎錢，操盤就容易得多。」他後來對朋友說，「就想成是電腦遊戲。你玩遊戲是爲了贏，賺錢是多的。如果不是因爲好玩，我早就不操盤了。」有時薩勞會賠掉好幾萬美元，交易場裡卻沒人知道。通常賠錢的交易員都會罵髒話、責怪市場裡那些不理性的蠢蛋、連續好幾天一直發牢騷講自己有多委屈；有些人則是會把電腦關了，灰頭土臉地再也不操盤了；但是薩勞的舉止根本完全都不變。我們腦中都有個演化自穴居原始人的部分，負責守護我們辛苦累積來的財富，但納凡德‧薩勞的腦中好像沒有這個區塊，所以他可以無拘無束地不斷把所有資產都

放上線。「就我來看，我並沒有少掉一條腿或是胳膊。」他用自己的道理解釋說，「斷了手腳就接不回來了，那我會哭泣，可是我知道我明天還能把錢賺回來；如果不是明天，那2、3個月之內我還是能賺得回來。既然如此，為什麼還要擔心賠錢呢？每個人都會賠錢，兄弟，你只要接受就行了。」

薩勞在市場裡天不怕地不怕，戰功彪炳，但在日常生活中卻不是這樣。他幾乎不從交易帳戶領錢來過生活，他喜歡讓數字逐漸累積，就像計分板一樣。他早就放棄了不合身的西裝，改成運動長褲搭配便宜的毛衣，一穿就是好幾天。午餐呢，或更準確地來說應該是晚餐，他就吃超市賣的三明治或是麥香魚。他幾乎不喝酒，從來不抽菸，也沒有可以拿來說嘴的愛情故事。辦公室裡的人星期五一下班就湧入歐尼爾酒吧，他卻都留下來繼續交易。有一年聖誕節，期易帶所有人到倫敦市中心知名的夜店，薩勞竟然進不去，因為儘管同事不斷提醒他要著正式服裝，他卻仍然穿著招牌的黃色運動上衣和球鞋。最後他還是偷溜了進去，但整個晚上都在四處閃躲酒吧的人。像帕奧羅這樣保守的交易員，會很驕傲地展示自己的成功，所以薩勞的行徑便讓人感到費解。如果不花錢，賺那麼多錢要做什麼？

埃德溫‧勒菲弗撰著的《股票作手回憶錄》是交易員的聖經，這本書出版於1923年，回顧了美國華爾街大亨傑西‧李佛摩早期精采的股市操作生涯與智慧；他從一個看

著小交易所牌告價的 14 歲小鬼，成長為在股市殺進殺出的交易達人。在期易，乳臭未乾的菜鳥和經驗豐富的老鳥都會在這本書裡尋找指引。據說李佛摩因為能從股災中獲利，又擅長觀察股票的價格變動，所以被稱為「豪賭小子」（boy plunger）。他謹慎地研究過去的行為，觀察了證券或期貨的價格變化，以準確預測價格的走勢。他認為，導致價格變動的原因很多，重要的是要知道價格會朝著哪個方向變動。「華爾街沒有什麼新鮮事。」勒菲弗在一個著名的段落中寫道，「不會有新鮮事，因為投機跟山丘一樣古老。今天股市裡發生的事以前就發生過，未來還會再繼續發生。我永遠不會忘記這點。我想，我很認真地去記得類似事件過去發生的時間和背景。我就是靠著經驗和記憶來變現的。」

　　薩勞或許還沒有到李佛摩的境界，而且他的生活風格顯然比這位自在逍遙、結婚三次的美國花花公子要簡樸許多；不過幾年後，期易的同事竟然點出兩人意外的相似之處。薩勞和李佛摩剛入行的時候都沒有財金背景，都有過目不忘的本事，都能在決策時抽離情緒，都願意孤注一擲，都對自己的行動引以為傲，都厭惡和別人討論交易內容以避免自己的直覺被玷汙，而且他們都和股災脫不了關係。李佛摩在 1929年做空美國股市，賺了 1 億美元——價值超過現在的 10 億美元，他把這筆錢揮霍完之後，1940 年在曼哈頓的荷蘭雪梨酒店舉槍自盡。李佛摩的人生就是一則警世寓言，讓人知道盲

目的偏執，以及把自己的命運和變幻不停的市場緊密相連有
多麼危險。期易的交易員只會討論他傳奇般的操盤技巧。

Chapter 3

爛貨

．．．．

　　納凡德・薩勞加入期易前幾週，有人在熱門的操盤論壇
發了一篇文章〈破解艾略特和江恩的分析〉。這篇文章的作
者才剛註冊不久，他的顯示名稱是「爛貨」（後來改了），
大頭貼則是撲克牌裡的鬼牌。他在自我介紹中說，他的操盤
風格就是：「**贏──沒別的。偶爾輸錢，就像世界盃一樣。**」
在「操作項目」中他寫下：「只要能賺錢，青菜水果我都能
買賣。」那篇文章最下方的簽名檔則寫著：「**哦，小羊兒，
跟著牧羊人進入肥美的沃土吧！**」

　　薩勞建立他的網路身分時才剛入行，年僅 24 歲，買賣
個股，而不是操作能讓他致富的指數期貨。他獨樹一格的
世界觀和莫名其妙的信心，讓他一加入就引人注意。的確，
他在網站上開的第一槍就先踐踏操盤理論圈的兩位教父。拉
爾夫・尼爾森・艾略特（Ralph Nelson Elliott）是出生於堪
薩斯市的會計師，1938 年出版了《波浪理論》（*The Wave*

Principle），他認為市場變化有跡可循，所以可以從群眾樂觀或悲觀的氛圍找出股海浮沉的波浪，並預期下一波。據艾略特表示，市場雖然看似隨機，其實受到重複出現的模式所影響，就和自然現象以費氏數列為據一樣。薩勞不信這一套：「我很熟悉艾略特波浪──事實上，我有艾略特波浪聖經，也根據這本書做出了驚人的預測。可是我很快就發現，拿下玫瑰色的濾鏡之後，股市中有 70% 的時間，圖表都不符合艾略特的波浪模式。這表示如果只有這一點功夫，你也進不了深水區。」

　　威廉・江恩（William Gann）的著作和艾略特的書大約同時出版。江恩是個開口閉口都會引述《聖經》的人，他父親是德州棉花農，他自己則希望從幾何學、天文學和占星學汲取智慧，預測商品市場的循環。薩勞對江恩更不稀罕了：「我跟你說吧，連 12 歲的小孩子都可以用這套方法，這就是簡單的代數。像我這樣聰明的人要算這個根本連計算機都不需要……我敢說，這論壇上沒有人靠著江恩的方法賺過錢。」

　　這一派操盤方式運用圖表和統計數據而非經濟學的基本道理來預測價格走勢，薩勞不是第一個質疑這些技術分析原則的人。艾略特和江恩都已經過世半個世紀之久，他們的投資方法被廣為運用、拆解，在某些領域，他們已經接近聖人的地位了。對一個沒有接受過正式財金教育，操盤經驗又只限於買賣個股的人來說，納凡德的發言實在是太直白又過於

篤定，就像是經濟系大一學生說「凱恩斯沒用」，或是沒出過書的作家說「狄更斯寫得很爛」一樣。薩勞除了認為艾略特和江恩的方法沒用之外，還認為整個宇宙與全人類都受到至高的自然法則所規範。「這表示以本質來說，**一切都已經注定了。**」他在文章裡說，「你必須相信**一切，每一件小事都已經命定了。**我們只是沒有自由意志或選擇的機器人。」他認為自己思想自由，並以「自行研究」發展出自己的世界觀為傲。他在回文中寫道：「我希望我能夠告訴你們（這群小羊兒）要如何解開枷鎖，不要被牧羊人牽著走。你們多數人都沒有自覺，我們的程式都已經被設定好了，生來就是要跟著社會規範和價值觀等。一定要調整腦子的頻率才能獨立思考。」

　　這則爛貨的評論想也知道會引起筆戰。有些論壇會員立刻跳起來為艾略特和江恩辯護，其他人則嘲笑薩勞的文筆。有人說：「我實在很同情你，聽起來你已經徹底崩潰了。」另一人說：「不管他在喝什麼，都給我來一杯。」薩勞不覺得好笑，還批評他們智力不足，無法理解自己說的話。他寫下：「**羊群碰到腦袋靈光的人就變得敵意很重。**」

　　這場意見交流為薩勞接下來幾個月在論壇上的活動奠定了基調。表面上他是在討論股市交易，但他會操弄其他留言者，為自己的才華護航。他曾經展開一場投票，題目是：「爛貨會不會預測未來？」選項有：「或許，但是要面對他的預

言有點恐怖。」以及：「不需要再看水晶球了，他什麼都知道。」他還說要舉辦一場「操盤與人生」的研討會，可是當別人問他要怎麼報名的時候，他卻拒絕提供任何資訊。

剛開始，其他論壇成員還覺得爛貨的文章很好笑，他的標題可能是「如何識出未經琢磨的天才」，文章裡面有很多俗字，像是「操」「靠」等，所以他被戲稱爲「佩克漢的聖人」——「佩克漢」是倫敦的工人階級社區；有個人還問他是不是電視人物阿里・吉（Ali G）。不過到了夏天，他的文章變得更黑暗。結果伊拉克戰爭開打了，大家都還記得 911 事件，薩勞說他可以預見恐怖攻擊，因爲他擁有理解金融市場的特殊能力，「也就是全世界最強大的預言工具」。別人說他冷血無情時，他則回覆：「我和多數人不一樣，不管眞相有多可怕，我都會選擇面對。英國和其他地方未來 15 年內會爆發內戰，在那之前，未來都很恐怖、很嚇人。」

這時薩勞已經進入期易好幾個月了，網路上這個自命不凡的角色和實際上如謎一般的年輕人之間有著巨大的鴻溝，他每天通勤到威布里奇，在眞實世界裡學著買賣期貨。在職場中，薩勞很勤奮、寡言；他的自信絲毫未減，只是他本人顯得有點古怪又全神貫注。到了傍晚，當同事都去酒吧，他則回到豪恩斯洛，再次將愈來愈狂妄自大的「爛貨」釋放出來。「哈囉，大家好，我知道你們都很想我，只是你們不承認。」那年夏天他寫下這一段文字，然後評估生物恐攻或核

子恐攻的統計機率約有 80%，美國總統喬治·布希被暗殺的機率約有 20%。

他繼續寫道：「很多羊一定會指控我是蓋達組織的一分子。當人看到了沒辦法接受的意見時，會這樣反駁是很自然的。讓我先向你解釋：我不是穆斯林，所以我想這樣就可以把我排除在外了吧。很好笑，這世界真偽善。我是說，我因為膚色很深，所以在街上就會有人瞅著我看，可是因為蓋達組織攻擊而被判刑的白人，比我這種人還多。」

最後，爛貨越軌了。論壇管理員警告他不得再引戰，其他會員也檢舉他，封鎖他的留言。「任何誇口說自己能『預測』恐怖攻擊，藉此獲利的人都很卑劣。」有人這麼說。薩勞否認自己靠此牟利，並認為批評他的人是「被大眾媒體給洗腦了」。那天後來他寫下：「我要為我的言論嚴正道歉，**但是這個世界存在之所以會處於這個狀態，唯一的理由就是因為你們都懶得去理解自己所生活的這個世界。**」幾個月之後，爛貨便從論壇消失了。等他回到論壇時，發了一則新文章，說他已經從個股買賣轉為 E-mini 等指數期貨了。他在論壇裡說：「你們也可以猜想得到，我做得很好。」不過，他以前的文章還可以有幾十則回應，這次大家都懶得回他了。他在一片寂靜中呼籲說：「回到主人身邊吧！羊群哪，你們少了他就什麼都不是了。」

Chapter 4

操盤首部曲

••••

　　納凡德・薩勞花了幾年，很有耐心地把帳戶做大之後，
在 2008 年初進行了一場交易，讓他進入大聯盟，並且在期易
的歷史上留名。全球在前一年春天才嗅到了一點金融危機的
端倪，這時危機正在加速擴大。經濟動盪的消息，與各國政
府、央行努力支撐金融體系的措施，讓市場搖搖晃晃、步履
蹣跚。標普 500 過去可能一天的漲幅或跌幅才 40 至 50 點，
但這時波動幅度就算達到 5% 也不足為奇，有時一天還可能
波動超過五次。對整體經濟來說，這是嚴重的災難，可是對
薩勞這樣見機行事的交易員來說，卻是入市的好時機。股市
氛圍義無反顧地從生氣蓬勃轉為驚慌失措，操盤手要賺錢很
容易。每次銀行公告鉅額損失或是避險基金宣布縮手，市場
就坦了。手指俐落的剝皮族只要等擴音機傳出新聞，順流而
下，在全世界追上腳步之前離開就行了。交易委託簿裡面全
是被迫脫手股票的賣家，他們別無選擇只能快速出售資產，

　　換回現金，或者趕快爲自己與時俱變的投資項目避險。在這麼不穩定的市場中，災難的風險向來比較高，但是對帕奧羅的操盤子弟兵來說，日子還是很好過。

　　在 1 月初的某個下午，薩勞在電腦桌前發現德國法蘭克福指數（DAX）不太對勁，這指數追蹤著 30 家德國的主要企業。儘管烏雲罩頂，但交易委託簿裡有大量買單在排隊，只是他觀察到，每次到價，買單就消失了。結果到了傍晚，美國和歐洲股市依然低迷，德國指數卻偷偷爬上來了。儘管股市訊號很強烈地表示價格應該會下降，但外頭似乎有個嗜吃德國法蘭克福指數的人，永遠不感到滿足。薩勞站起來去找布萊德利・楊。

　　薩勞問他覺得這神祕的買賣是怎麼回事，楊咆哮說：「是中國人！靠，我就是知道。」期易的操盤手住在金融蒼空的邊際，最喜歡有邪惡力量在控制股市的陰謀論。如果不是中國人，就肯定是跌市救火隊、高盛或畢德堡集團。根據楊的推論，中國在那個傍晚被美國金融體系的動亂給嚇到了，所以決定要把豐沛的資源轉移到歐洲。這不是唬爛，中國確實經常爲了穩定自己的貨幣而干涉外匯市場。而且，不管那個買德國法蘭克福指數的人是誰，肯定口袋很深、銀彈充足，可以把價值幾百萬美元的買單放在交易委託簿上慢慢等。

　　薩勞通常不會和其他人討論操盤策略，一部分是因爲他怕失去自己的優勢，但他也因此發展出了很敏銳的狗屁偵測

感。他很早以前就看出期易那些來來去去的訓練員都沒有真功夫。如果他們真的知道自己在說什麼，又何必浪費時間跟菜鳥打交道？就算是貴為倫敦交易所傳奇人物與這家公司創辦人的帕奧羅，有時給了薩勞一些操盤上的建言，也會被他翻白眼。不過布萊德利‧楊不一樣。他不只可以說出一套道理，還會親自下場驗證，在他對一樁交易有信心的時候拿幾萬美元去冒險。他們的不同之處在於，楊專攻德國法蘭克福指數。

　　布萊德利‧楊在雪梨北邊 100 英里處的衝浪場長大，從小就會追浪。他課餘時買賣個股賺了一點錢，就決定到倫敦旅遊，並買賣期貨小試身手。他外表看起來很慵懶、悠哉，骨子裡卻很好勝，對股市的偏執一點也不輸給薩勞。以前在威布里奇，他們的關係本來很糟。有一天，楊覺得廚房實在是髒亂到受不了，就花了好幾個小時清理乾淨；然後薩勞拿魚肉餡餅去微波，卻沒加上蓋子，結果餡餅爆炸了，整個廚房黏呼呼地都是渣，還有揮之不去的魚腥味。楊一惱火就朝著薩勞咆哮，薩勞則以髒話回擊。兩人對峙了幾秒鐘之後，忽然哈哈大笑，一笑泯恩仇，期易這兩顆星之間於是建立了友好的較勁關係。不過，薩勞自己在營業廳設了結界，楊才是那個新手都崇拜的對象，他們希望以後都可以和他一樣，穿著隨時要去海灘的衣服來上班，每隔幾個月就去度個異國風情的假。當大家週五提早下班去酒吧喝一杯，楊會把信用

卡留在櫃檯繼續請大家喝酒，只要求有朝一日他們自己也成功的時候能夠回請他。有一次，那個星期特別賺錢，他就招待所有人到肯辛頓的新潮夜店。布萊德利‧楊就是個活生生的看板人物，體現了大家之所以會開始操盤的原因：有魅力又有運氣，掌握了自己的命運，賺了一大堆錢，還不必看老闆的臉色。

　　薩勞和楊決定先回家，繼續觀察德國法蘭克福指數。隔天上午，他們看到指數開盤就降了 90 點，降幅甚大。不管是誰在支撐市場，那人可能放棄就去睡覺了。過了幾個小時，德國法蘭克福指數期貨和全世界一樣跌跌撞撞，可是到了傍晚，大量買單又出現了，價格開始往上升。這簡直太不真實了。在歐洲中部時間上午 9 點至下午 5 點半可交易股票的時段，德國期貨跟著全世界一起下挫；可是當各地市場收盤，交易量變少了以後，可以持續交易到晚上 10 點的德國法蘭克福指數卻像逆流而上的鮭魚一樣，開始往上漲。他們不清楚隱身在幕後的是誰，也不知道原因。傑西‧李佛摩早在 1923 年就說過，其實原因和推手不重要，真正重要的是看到了趨勢，就有機會發財。

　　那天晚上，要回家之前，楊和薩勞決定做個實驗。他們都賣了幾張德國法蘭克福指數的合約，想看看明天會如何。如果前幾晚的波動又發生了，他們隔天上午就買回來，平倉獲利；如果沒有，他們就認賠。一般來說，期易不鼓勵操盤

手沒平倉就回家，因為如果股市逆勢，你會來不及反應。但是他們不必擔心。隔天上午，德國法蘭克福指數開盤就跌了65點，讓他們各賺了超過 1 萬美元。到了第三天，他們周遭的操盤手都發現了。媒體沒看到任何能解釋波動的資訊，但這模式相當清楚。有一半的交易員都起而效尤，希望能利用德國指數在夜晚和全世界不連動的時候小賺一筆。這次，股價又在夜裡攀升，一開盤就跌了80點。

　　薩勞和楊挖到寶了。連續兩個星期，他們都在進行隔夜交易，把大量倉位放入市場後，就回家祈禱隔天發大財，結果每一次都中。到了 1 月的第二個星期，薩勞已經不再做空合約，而是一夜下注 200 口，以 1,500 萬美元的部位換取六位數的利潤。楊的報酬也很優渥，但他忍不住在白天也繼續交易德國法蘭克福指數，所以有些賺來的錢就賠掉了。薩勞一如既往地「自由呼吸」，以最高金額下注，然後就放著不管，繼續操作 E-mini。他的信念堅定，從未動搖，所以到了 1 月中，他的帳戶金額已經超過了 100 萬英鎊。

• • •

　　2008 年 1 月 19 日星期六，31 歲的法國交易員傑宏・柯維耶（Jérôme Kerviel）站在法國興業銀行在巴黎近郊的雄偉總部外頭，傳了這則簡訊給老闆：「我不知道我要回辦公室

還是去臥軌。」在會議室等他的，是投資銀行部門的主管和其他高階主管，他們在過去 24 小時，瘋狂地搜索柯維耶的交易紀錄，因為他們懷疑有大規模詐騙案的證據。在接下來幾個小時，柯維耶證實了他們的恐懼。他坦承從 2005 年開始，就祕密地進行未經授權的交易，金額高達數十億美元。柯維耶和法國興業銀行的菁英交易員不一樣，他父親是鐵匠，母親自營理髮廳，在濱海小鎮布雷頓長大，剛入行的時候從事行政職，結果學會以虛構交易和偽造文書來掩蓋他的蹤跡。他之所以沒被發現，是因為他一直隱匿得很成功。他說，光 2007 這年，他就靠著準確預測金融危機來臨後會產生的衝擊而賺了 20 億美元。奇怪的是，他從未說過這件功勞，因此沒有人知道這件事。故事原本可以就這樣落幕，但是柯維耶又展開了野心最雄厚的掠奪計畫。

　　在 1 月 2 日至 18 日之間，柯維耶賣空了 700 億美元，是整間銀行資本額的兩倍。每天傍晚，當他的同事下班離開以後，柯維耶就留下來狂亂地購買德國法蘭克福指數與其他指數相關的期貨，深信危機最糟糕的階段已經結束了，股市會回彈。不過他的運勢走到了終點。柯維耶下班後拚命地買，每個晚上只能讓德國法蘭克福指數漲回一點點。然後，就像華爾街版的《今天暫時停止》，他每天醒來都發現引力持續把股市往下拉，德國股市和世界各地一樣持續下墜。柯維耶坦承罪行後，法國興業銀行管理階層命令他的同事平倉，等

他同事結束所有的動作，銀行總共虧損了 72 億美元。這起事件的新聞報導衝擊全球股市，連續兩天讓德國法蘭克福指數再跌了 12%，德國幾家最大型的企業市值瞬間蒸發了數千億美元。

　　期易的交易員看了法國興業銀行的事件報導之後，很快就知道德國法蘭克福指數之所以會有奇怪的波動都是因為柯維耶，而不是中國人。歐洲最大的銀行之一，被一個野心太大、監管太鬆的交易員搞到瀕臨破產。柯維耶被判處 3 年徒刑，且必須償還他賠掉的 72 億美元，這是史上個人負擔最高額的罰款。柯維耶因為大灑幣而成為史上最惡名昭彰的混帳交易員，與英國霸菱銀行的尼克・李森（Nick Leeson）、瑞士銀行的奎庫・阿多博利（Kweku Adoboli）齊名；但是他也讓豪恩斯洛的年輕操盤手，累積了足以邁入新境界的資本。

Chapter 5

機器人崛起

・・・・

　　納凡德・薩勞賺了愈多錢，就操作愈大的部位，好像他在玩極限電動遊戲，不斷破關晉級。短短幾個月，他從原本操作 50 至 100 口，成長到 500 口，全公司沒有人比他手筆更大。在這個規模下，任何 1 格，或是股市波動 0.25 點，標普 500 的價差就是 6,250 美元。成為更大的玩家有優勢，但是近期市場卻讓薩勞略為不安。大約從 2007 年開始，階梯就變得很滑溜、很難讀懂了。訂單稍縱即逝，像鬼魂一樣，價格波動的方式也很陌生，還有幌騙的現象也愈來愈普遍——很多人只是下單，卻無意交割。對納凡德來說，對手好像很擅長預測他的下一步，他深信對方能「看透階梯」，知道自己在和誰打交道。這種被迫害的感受，剛好碰上了股市裡新族群的出現，也就是「高頻交易」（high-frequency trading, HFT）。

　　高頻交易是運用尖端科技快速買賣，利用極端短期的價

格波動來獲利。「高頻交易」這個詞很模糊，定義也不夠清楚，只是有些專門研究期貨的學者，使用這個詞來描述少數活躍的實體，他們進行大量合約的交易，甚至不累積足夠的部位，每天都會平倉。高頻交易的核心就是演算法──不怎麼需要人類的介入，以一套程式規則來指示電腦在變動的市場環境中做出反應。這個程式很可能簡單到只有「當 X 股票漲跌幅度達到 Y 就買入 Z」，也可能複雜到要核子物理學家齊聚一堂才寫得出來。進行高頻交易的人，和真人剝皮族不同，前者是看供需的短期變化和供需與相應市場的關係來做決定，不需要對股票或商品的價值有根本的理解。動作最敏捷的操盤手或許能夠在收到新資訊內的五分之一秒就做出決定，但是高頻交易的速度卻是以微秒為單位──那是百萬分之一秒！

　　最早出現的高頻交易公司，例如全球電子（Getco）和跳躍（Jump）交易公司，都成立於世紀更迭之際，由原本在芝商所任職的前任交易員所創立，他們沒有像帕奧羅‧羅西一樣自己開共享空間，養一批人類交易員大軍，而是雇用工程師和數學博士來寫程式，讓電腦可以自主交易。沒過多久，他們就像臭蟲一樣降落在市場裡散播瘟疫了。2003 年，美國期貨市場還看不到高頻交易公司的蹤跡；到了 2008 年，每 5 筆交易中就有 1 筆是高頻交易；2012 年，比例已經高達 60%。有很長的一段時間，主流都沒有意識到高頻交易。

進行高頻交易的公司都很小，通常是私營的，也沒有受到太多的規範限制（他們透常透過有牌的仲介公司進場），而且也很神祕。就連華爾街也沒跟上潮流，一直要到金融危機期間，領頭的高頻交易玩家開始高額獲利達到九位數，大家才開始留意。商業媒體的文章標題開始出現「演算法崛起」和「機器人戰爭」；史丹佛和麻省理工學院的畢業生不去曼哈頓與康乃迪克的避險基金上班，卻收拾行囊前往風城芝加哥。這股人才外流的力道很明顯。2008 年，金融圈都在苟活的時候，員工只有幾十名的跳躍交易就賺了 3 億 1,600 萬美元。同一年，美國最富有也最神祕的投資人肯‧格里芬（Ken Griffin）所擁有的城堡（Citadel）投資集團，就放了 10 億美元專投高頻交易。

　　儘管引起了一陣注意，在這緊密的產業以外，很少有人真的知道這些公司在做什麼，或是錢從哪裡來。經濟學理論有個基礎的原則是：投資報酬愈高，風險就愈高；可是這些企業裡的學者很多都沒有財金背景，卻能找到規避風險的方法。結合了速度、統計分析，以及他們對於電子交易下金融架構的獨特理解，這些人找到了投資的聖杯，可以持續高額獲利，而且風險並不大。與高頻交易相關的剛性資料（hard data）很難收集得到，而且企業不需要揭露他們的策略，就算是面對主管機關也不用 —— 金融法治機關向來很信任投資人，相信投資人都能做出負責任的舉動。唯一掌握了即時交

易數據的是交易所，但交易所畢竟是私人企業，很難拿捏其中的界線，他們一方面想要做高頻交易公司的生意，另一方面又想要負起責任，以「受委託的自治機構」身分來管理他們；而高頻交易公司靠著大量交易，每筆都抽取佣金，所以和交易所的利益一致。

　　確實，高頻交易的爆發，成就了芝加哥商品交易所集團（以下簡稱芝商所集團）── 該集團近期才上市，是全美獲利最豐的公司之一。也許用大型企業及其經營的交易所之間的「旋轉門」，可以最清楚地呈現這種共生的關係：全球最大的高頻交易造市商沃途金融公司（Virtu Financial Inc.）的總裁約翰・桑德納（John "Jack" Sandner），是芝商所集團史上任期最久的董事長；而芝商所集團另一位萬年董事威廉・薛普德（William Shepard），則是跳躍交易的大股東。高頻交易產業和芝商所集團不只是站在同一陣線，他們根本是同一群人。

　　跳躍、城堡、哈德遜河（Hudson River）等交易公司的高階主管，都表示他們的交易次數比較多，買價和賣價的差距愈來愈小，其實證明了他們的活動正在改善這個市場，讓交易更低廉，每個人的波動也都會比較小。不過，交易是零和賽局，如果高頻交易公司在贏錢，就表示有人在賠錢。紐約顧問公司注釋交易（Pragma Trading），便在其研究筆記中認為機構投資人與退休基金之間愈來愈僵了：「高頻交易

在不同成交方向的交易員之間是非常短期的媒介，那些交易員想要累積或清除部位，很難理解他們要如何既為投資人省錢，又從市場中拿出幾十億來獲利。」有些研究員發現，證據顯示高頻交易使用了以下數種操作方式：「動量發起」（momentum ignition），這是一種像神風特攻隊一樣的自殺攻擊方式，就是為了要讓市場產生劇烈波動；「沖洗交易」（wash trading），就是和自己交易，影響行情；「報價阻撓」（quote stuffing），就是在短時間之內大量、急速地報單和撤單，以淹沒市場。因為連主管機構都沒有足夠的科技和專業可以監控這些行為，所以根本不可能知道在他們眼皮子底下這些做法有多麼氾濫。也有人質疑這種動搖股市根本的做法，會影響市場的穩定。「如果有件大事導致市場騷亂，該怎麼辦？這些高頻交易的人會因為模型被破壞就關掉電腦一走了之嗎？」紐約交易經紀公司泰美斯（Themis）的喬‧薩魯齊（Joe Saluzzi），2009 年就在部落格寫下驚人的預言，「市場不適合他們的時候，他們聲稱自己所提供的那些**流動資金**會到哪去？到時市場會出現大塊真空，很多人都會認賠殺出。」

對納凡德‧薩勞這樣的當沖交易員來說，世界上還有更緊迫的威脅。像《太空漫遊》裡的超級電腦哈兒（HAL 9000）、《駭客任務》裡的母體、《魔鬼終結者》裡的天網，以及《西方極樂園》裡有意識的機器人迪樂芮（Dolores），

機器人威脅了人類的存在，這股恐懼自電腦誕生以來就深植於人類的內心；但是對薩勞和他的同事來說，他們恐懼的不是因為這樣會完全顛覆金融秩序，而是擔心這些速度超快、超複雜的機器，比他們更有效率地靠著投機賺大錢，讓他們被市場淘汰。交易論壇上就有人諷刺地寫下了眾人的心情：「多年後的某天」，交易桌旁「一定會有三樣東西：人、狗和電腦。電腦的工作就是操盤，人負責餵狗，狗則要在人靠近電腦的時候咬他」。

　　高頻交易公司的策略很多元，而且一直在變化，但核心不外三大元素：預測市場波動方向的能力、利用波動來賺錢的速度，以及猜錯時減損的創新方式。第一個元素就是要用統計的方式，分析交易委託簿和各處的變化，找出資訊，判斷價格的漲跌。他們要收集的資料，可能包括不同價位間待執行委託單的數量、價格浮動的速度、當下在市場內交易的對象有哪些等。一家高頻交易公司的老闆說：「你可以想成是一個擁有龐大資料的科學專案。」納凡德‧薩勞多年來利用過人的模式辨識能力與記憶力，來判讀交易委託簿的起起落落，這已經成了他的第二本能，但即便是最具天賦的真人剝皮族，也比不上電腦分析大量數據的速度。

　　在速度方面，頂尖高頻交易公司投資數億美元買電腦、寬頻、通訊設備，確保他們能在這贏者全拿的賽局裡搶得先機。只要每個月付交易所幾萬美元，就能把自己的伺服器放

在交易所伺服器的旁邊，減少數據傳輸時任何可能的延遲。其結果是，套句芝加哥大學布斯商學院經濟學家艾瑞克‧布迪許（Eric Budish）的話，展開了「永無止盡的速度競賽，單純虛耗社會資源」。最頂尖的企業才有財力加入競賽，這代表門檻很高。交易所給最有價值的顧客最優惠的方案，讓他們只需要支付遠少於其他人的交易費。在電腦前面按滑鼠的交易員根本沒有機會。人類看到訊號、處理資訊、做出回應下單，或是等到新聞報導利率下降時，市場早已完全吸收了這些資訊，任何價值都已經蒸發了；所有經過驗證的套利策略，在機器面前也都失效了。交易員曾經會找兩個緊密連動的證券，一筆暫時出場，認為價格應該會連動上升，但這方法也都沒有用。機器找出異常狀況並從中獲利的速度，是人類的數萬倍。

　　高頻交易成功的最後一項元素，就是理解整個電子交易市場的基礎。芝商所集團的全球電子交易平台（Globex），採取「先進先出」（First In First Out, FIFO）的方式。這表示當交易員下了一張限價交易單（也就是等到價才要交易的訂單），就開始從同價位的最後一名排起；如果目前市場最佳價格是 99 美元，你想要在 100 美元的時候賣出，你的賣單就會排在所有要用 100 美元成交的人後面。

　　高頻交易公司監控這些排隊的狀況，尋找零風險的機會獲利。例如，假設高頻交易公司阿格羅（AGGRO）在統計上

認為市場很可能會下跌，所以下訂單，以現價（最佳賣價）賣出 10 張 E-mini；讓我們再假設每張是 100 美元。阿格羅這 10 口 E-mini 會排到前面去，新訂單則以同樣的價格跟進；等到阿格羅的這 10 張被買走了，後面已經排了 1,000 口，都等著用 100 美元成交。這時候有兩種可能，如果市場如阿格羅的預測下跌了，這家公司可以用更低價（如 99.5 美元）買入，獲利離開；但如果這時候交易委託簿獲得更新的資訊，價格似乎會上漲，阿格羅就可以趕快掉頭，從排隊的人裡面用 100 美元買回 10 張 E-mini，在毫無損失的狀況下離場。高頻交易公司只有在知道自己即便判斷失準也能不虧或少虧的時候才進行交易，如此就能大幅減少虧損。2010 年，他們就是這樣讓芝商所集團的大量訂單，在交割前就全部取消。

現在，很容易就能理解像納凡德・薩勞這樣的當沖交易員，為什麼覺得自己被當成了目標。他們每次下一張訂單或取消一張訂單，就算只是幾張合約，市場也會變動。「我很清楚記得我第一次注意到高頻交易時的情形，」那個年代待在期易的資深交易員說，「那時才剛過完年，我們登入後，交易委託簿看起來就是不太一樣。這很微妙，但是仍察覺得到，就像手機更新過了一樣。我看著一排 12 張的電腦桌，我們彼此再互看了幾眼，然後說：『現在是怎麼回事？』從那之後，操盤就變得更困難了。」全世界的操盤共享空間都把演算法當成宿敵，任何事情只要不如意，肯定就是演算法在

搞鬼。如果有個交易員買了一個部位，然後市場走勢不利，
這不代表那筆交易很糟糕，而是「他媽的演算法在搞我」。
許多留言說，交易所和高頻交易的巨人之間有非法的勾當，
但事實上，機器人根本不需要知道對手的身分就能夠興盛繁
榮——只要有快速的機器、廉價的佣金和機率就夠了。

　　高頻交易的優勢把很多真人剝皮族擠出了市場。有些人
適應環境的方式，是從短線轉為長線，他們會持有部位好幾
個小時或好幾天，而不是在幾秒鐘之內就轉手；有些人則積
極地尋找機會運用演算法。演算法後來在幾乎所有銀行、資
產管理者和高頻交易公司中都無所不在。2007 年，自稱為演
算法獵人的斯文・埃吉爾・拉爾森（Svend Egil Larsen），
發現了一家在進行某些特定股票交易時會有破綻的公司，他
就利用了這個破綻；拉爾森本人才賺了 5 萬美元，但後來他
和同事都被控操縱市場。出生於匈牙利的電子交易先鋒湯瑪
斯・彼得菲（Thomas Peterffy），根據《富比士》的估計，
個人財富達到 171 億美元之譜。彼得菲所擁有的證券經紀公
司木材山（Timber Hill），就是這起案件的受害者。拉森原
本得到了緩刑的判決，但是上訴時被推翻了。他對《金融時
報》說：「我們覺得自己就像俠盜羅賓漢，或是打敗歌利亞
的大衛。」

　　多數當沖交易員對高頻交易都心懷怨恨，而對納凡德・
薩勞來說，他原本就強烈地反對威權，所以這股怨恨更加深

沉。他要怎麼和從來不會輸而且看不到面孔的億萬富翁競爭？這怎麼公平？市場應該是終極的菁英制度——不管螢幕後面的你長什麼樣子，不管你的父母來自哪裡，只要你能做出正確的行動，就能得到報酬。如今薩勞愈來愈不相信這是真的，就和人生中的其他面向一樣，那些注定會贏的玩家就是擁有最多金錢和最多關係的人。實際上，薩勞不知道自己的對手是誰，雖然之後大家才發現，其實這個時候薩勞所抱怨的對象，多半都是和他一樣科技技術有限的真人剝皮族；但在他自己的心目中，那些人都是得天獨厚的菁英，擁有比較好的設備，不顧一切地想要撂倒他。

　　擁有數學技巧、擅長辨認模式的能力還有橫向思考，納凡德・薩勞大可在高頻交易公司裡領取優渥的獎金。但他認為自己已經是成功、富裕的交易員，才不需要去那裡上班。2007 年 6 月 4 日，沉寂 3 年後，**爛貨**發表了新文章〈迂腐的標普 500〉，其中說道：

　　對所有靠階梯（可以看到買單和賣單）來操作標普 500 E-mini 的人來說，你一定早就發現市場裡有一群人，擁有不公平的優勢。我就是在指那兩個騙子……每天都在這裡，好像在推著市場。現在，我不是要靠北他們行騙的事，我要說的是：拜託，每個市場都有人在行騙，但是偏偏打不到這兩個標普的騙子。各位，我自己試了很多遍，但就是打不到他

們，所以他們可以牴觸法律；至於芝商所集團，根本就應該
從市場中消失⋯⋯我自己和芝商所集團談過這件事，儘管只
要在盤中任何一個時間點看看階梯，就能看出市場的狀況，
他們卻仍拒絕接受市場有異的現實。這就是讓有權有勢的人
謀殺小老百姓，還能逍遙法外最典型的例子。

這篇文章後面，又建議交易員應該杯葛 E-mini，強迫交
易所採取行動。他最後的結論是：

我有一點想直接請問芝商所集團：我要怎麼得到同樣的
軟體，讓你能夠行騙又不被打到？因為我自己也有操作不小
的量。但我覺得這是錯誤，**市場應該是個讓所有人公平競爭
的環境。**

爛貨的文字沒有早期那麼好鬥了，但還是沒人回應。4
天之後，他發了更新：

喔，最後的警告。我正在用「交易科技」（Trading
Technologies, TT）的程式來取得同一套作弊軟體。如果你
能打敗他們，你就應該加入他們，是唄？歐洲人很可悲，政
府丟出什麼，他們全都接受——永遠不會反擊。以我操作的
量來說，我很清楚交易所會睜一隻眼閉一隻眼。想像一下：

你一邊照著規矩在玩，一邊又在刪除證據，操盤會有多麼容易！這星期過得很爽。

　　在一個熱門的公開論壇上，納凡德・薩勞留下了文字證據。8年後，這讓他因為操縱市場，造成史上最大的盤中交易金融崩盤而鋃鐺入獄。如果有人注意到，他們或許能勸他不要這麼做，或通知當局；但是，就像放羊的孩子一樣，他已經言無可信，走上了一條艾略特或江恩的學徒認為他必定會走上的道路。

Chapter 6

一個時代的終結

．．．．

　　2008 年春天的某個下午，期易的交易員結束午休回到辦公室的時候，發現納凡德‧薩勞用雙手捧著後腦勺，懶散地倒在椅子上。他已經好幾個小時都沒碰電腦了。謠言開始散播開來：「他在罷工。」

　　薩勞加入期易 5 年後，漸漸對這地方失去感情。每天通勤到沃金讓他覺得很累，而且到辦公室之後又有很多讓人分心的事情，他也不想再拜託老闆幫他提高限額了。最重要的是，他很厭惡要把錢分出去。他剛加入這個共享空間時簽署了一份合約，同意用期易的資金來進行操作，並且回饋一部分的利潤、負擔每個月電腦桌的費用，以及返程過路費。剛開始分潤的方式是一半一半，操盤帳戶裡的金額增加之後，分潤方式也會調整。這時，薩勞已經累積了 100 萬英鎊（時值 160 萬美元），他每一筆都可以分得 90%，這已經是最高的分潤比例了。

　　對菜鳥交易員來說，期易很吸引人，他們可以獲得資金
來試試身手，而且獲利以後才要付錢；如果他們失敗了──
幾乎多數菜鳥都會失敗，可以拍拍屁股走人，什麼都不欠。
但是這樣的缺點，就是那些賺錢的人得補貼其他人。那時，
薩勞平均每天可以賺 5 萬美元，表示每天他要付給羅西兄弟
5,000 美元；而且以他狂熱的投資方式，他有時甚至可以輕
鬆地再奉上 2,000 美元的佣金。「對很多人來說，這是他們
的第一份工作，大學剛畢業，22、23 歲吧，」曾經在期易受
訓的交易員說，「他們把這些新人關在四面牆之內，因為沃
金離市區很遠，沒機會和別人交流。但等到他們有機會可以
和其他自營交易公司的人對話，他們就會知道這裡的條件很
鳥。」

　　和公司裡的其他交易員相比，薩勞可以分得 90% 已經很
好了，可是他卻想要分得 95%。當羅西兄弟拒絕時，他就會
關掉交易軟體，因為他知道這樣會影響公司的現金流。其實
雙方都已經不爽對方很久了。幾年前，薩勞決定不再交易英
國富時 100 指數的期貨 ── 就是英國版的標普 500 E-mini，
那時他每天可以賺 2,000 英鎊，但他想要在更大的市場裡試
試身手。剛開始，薩勞碰到了一點難關，帕奧羅有一天把他
拉到旁邊，建議他回去操作富時 100 指數的期貨。「每年 50
萬英鎊，這對你來說很夠了。」帕奧羅說。

　　「你怎麼知道怎樣對我才夠？」薩勞反問他，激得帕奧

羅想要剪斷他的翅膀。

還有一次,薩勞下了 200 口之後就回家了。隔天還是帕奧羅的電話吵醒了他。帕奧羅說薩勞損失了 100 萬美元,這等於是他所有的財產,他立刻回說:「我馬上過去!」事後他對朋友說,當時他嚇壞了。

「納凡德,冷靜,」薩勞記得電話中的帕奧羅笑了出來,「你高了 120 點!」原來薩勞的隔夜交易幫他賺了幾十萬美元。「這是要給你一點教訓:永遠都要學會踩煞車。否則,當這種事情發生時,你就被輾過去了。」

雖然賺了錢,但薩勞沒辦法接受帕奧羅總是要嚇唬他,說是想讓他更懂得管理風險。當薩勞抵達期易時,他還記得自己大步走進老闆辦公室裡大吼大叫:「你在惡作劇之後還要繼續拿我的錢嗎?林北快被嚇死,然後還要付 20 萬?」薩勞當時與公司的分潤是他拿 80%,公司拿 20%。「真卑鄙,」他向朋友抱怨,「這些人真不要臉。」

帕奧羅公然炫耀自己有多有錢也無濟於事。期易的網站上有個分頁是「期易生活風格」,不過更準確地來說應該是「帕奧羅・羅西的生活風格」。網頁上有他去看溫布頓網球賽決賽和歐洲冠軍聯賽的照片。有一次,帕奧羅的法拉利剛送修回來,代步的藍寶堅尼還沒被收回去,他就放了兩輛車的合照,寫下「好難選」。他有一輛車的車牌是「R9ssi」。他還是英國最高檔的高爾夫球俱樂部皇后森林的會員,他的

球道和許多明星共用，例如休‧葛蘭、凱薩琳‧麗塔—瓊絲和職業高爾夫球選手厄尼‧艾爾斯等。「這些物質的東西都很沒有意義，只會吸引錯誤的人。」薩勞不屑地跟同事說，「相信我，那些都是海市蜃樓。」

　　但會展示自己有多成功的人不只帕奧羅一個。2007 年 8 月，《交易員月刊》（*Trader Monthly*）公布了「30 歲以下 30 位傑出人才」，以表揚最成功的年輕交易員。其中有這麼一段文字：

　　傳說中，在倫敦郊區這個富裕的沃金小鎮裡，有個自營交易員，每天只工作兩個小時、每星期只工作兩天——但是收入是同事的兩倍。原來傳言是真的，這名天賦異稟的交易員姓楊，在英文是「年輕」的意思。果真人如其名，正符合 30 歲以下 30 位傑出人才的標準。「他身穿牛仔褲、幸運上衣來操盤，不穿鞋，」據他同事表示，「他甚至有時候看盤看一看就在電腦桌上睡著了。」

　　布萊德利‧楊是澳洲人，度假的時間比操盤的時間要多，在老闆抽完稅之後，他每週還能進帳 25 萬美元……

　　布萊德利‧楊表示：「從交易期貨的第一天開始，我就一直相信我會是史上最厲害的交易員。一天天過去，我的職涯不斷進展，這信念也更加強烈。」

　　《交易員月刊》2004 年開始發行，很快就變成全世界交誼廳裡常見的刊物，裡面有風流大人物的側寫、有經典車款的介紹，也會教讀者怎麼拿脫衣舞俱樂部的收據去報帳。就和它的主要讀者群一樣，這本月刊很陽剛、粗獷、草莽，但是「30 歲以下 30 位傑出人才」的榜單卻廣受矚目，馬上就吸引主流媒體報導。全國廣播公司商業頻道把上榜的交易員當成明星來採訪。布萊德利・楊有了這光環加持，也會多點名望——儘管報導中說他不常上班並不是真的。

　　幾個月之後，薩勞寄了一封電子郵件給《交易員月刊》的編輯：

　　晚安！

　　我最近發現了你們的雜誌。必須恭喜各位，在各種關於投資術的刊物中，你們算是品質比較好的。「30 歲以下 30 位傑出人才」的榜單讓我讀起來很感興趣，也很納悶你們是用什麼標準來篩選的。我是當地讀者，目前分潤可拿 90%。我主要交易標普 500 E-mini，波動較大的交易日，我大約會進行 1 萬筆交易回合，或占標普 500 當日交易額的 1%。在比較不穩定的日子，如果我表現得好，通常可以賺 13 萬 3 千美元；在比較坪穩（他的原文）的日子，我大概可以賺 4 萬 5 至 7 萬美元。

　　今年對我來說比較不尋常。請各位明白，我想要上榜並

不是為了虛名。我比較想要保持低調，並且不要讓同事知道我的損益情形。不過，我計畫要成立自己的投資共享空間，或許多點名聲會很有利。或許我們未來可以合作。

　　祝好

　　　　　　　　　　　　　　　　　　　　　　　納凡德

　　《交易員月刊》始終沒有專題報導過納凡德・薩勞，他也沒有成立自己的共享空間，不過他在期易待得太久，已經漸漸不受歡迎了。他曾經是一棵搖錢樹，也是公司的活廣告，但他這時卻成了公司的負擔。他愈來愈少來上班，當他現身的時候，又很會惹麻煩。有一次，他說銀行從他的交易帳戶裡偷錢；羅西兄弟說他搞錯了，他就質疑他們也有份。這些惹事生非的行徑讓管理團隊愈來愈頭痛，如果給他超過90%的利潤，那會動搖公司的財庫。那年年初，薩勞付錢在芝商所「租個座位」——成為會員，享有專屬權利，降低了每筆交易要付給交易所的費用，進而侵蝕了期易的佣金。公司還收到英國稅務海關總署的警告，說薩勞沒有繳稅。

　　這些紛擾一直累積到了 2008 年夏天，薩勞終於表示要離開期易，並要求提領他的資本，總計約 300 萬美元。帕奧羅剛開始拒絕，說要分期支付，確保稅務機關滿意。結果薩勞指派一名律師開始採取法律行動，帕奧羅就縮了回去，而兩

人之間的關係也就永遠切斷了。

　　「在最好的情況下，我們之間的關係就像師徒一樣；但是在最糟的時候，你如果要拉住他，他就會覺得你在跟他作對；」帕奧羅說，「如果不把限額提高到他要的程度，你就是在跟他作對；如果收取結算費，你就是在跟他作對。他就是覺得每個人都要剝削他。但我們把他拉拔大了。在期易，他每個人都認識，這就像是他直覺不靈光的時候，我們都是他的煞車，一旦他離開這裡，就沒人能罩他了。」

Chapter 7

操盤二部曲

. . . .

　　納凡德‧薩勞離開期易之後，首要之務就是找個新的經紀公司。每個獨立的交易員要進場投資，都必須透過受規範的交易經紀公司，這些公司就像是進入交易所的通道，要監管客戶的活動並承擔損失。2008 年 4 月，薩勞找上了全球最大的期貨交易經紀公司曼氏金融集團（後來改名為全球曼氏金融〔MF Global〕）旗下的 GNI Touch。當時他和期易還有些紛爭，只能拿出 75 萬美元作為保證金。每筆雙向交易，經紀公司都會向客戶收費，可能是幾毛錢至幾塊錢，依交易額決定。「我們覺得 99% 的新客戶都很會『膨風』，說自己的交易量有多大、利潤有多高，而且還不是只有灌一點點水而已。」GNI 前期貨櫃檯資深辦事員說，「他們會說：『我每個月可以交易 10 萬口。』但其實可能只有 5,000 口。」

　　所以當薩勞說他一天雙向交易上萬筆，而且經常賺超過 11 萬美元時，GNI 的高階主管只是笑笑，只給薩勞想要額度

的五分之一而已。過了幾天，當這位主管派工程師開車到豪恩斯洛幫薩勞安裝軟體，讓他從房間就可以連線到交易所，也讓經紀人可以從遠端觀察交易時，才發現薩勞是來真的。震驚之下，GNI 隨即減少了薩勞的交易手續費。交易員上線之後，經紀人要做的事其實不多，他們的工作主要是維持關係，所以像曼氏集團這樣的公司，往往願意從客戶繳納的手續費裡花個 20% 來招待客戶吃大餐、出去玩，或提供各種活動的門票。曼氏集團在倫敦的溫布利足球場和 O2 音樂廳都有自己的包廂，可是薩勞完全沒有興趣。「他從來不想參加任何娛樂節目，也希望我們聯繫愈少愈好。」前任 GNI 經紀人說，「薩勞的企圖心很明確：他想要成為市場內最大的交易員，他對其他物質收獲一點興趣也沒有。獲利只是為了讓他能夠用更高的金額來操盤。」

納凡德‧薩勞開始在家操盤時，金融危機正達顛峰。但儘管市場波動如此劇烈，演算法也已經愈來愈普遍，賺錢還是很容易。每次有壞消息釋出或是政府企圖恢復平靜時，市場就會搖搖晃晃，這種波動大多都只是誇大其辭，而且都能夠預測得到。由於市場如此動盪，很容易就會掛一漏萬，薩勞認為如果身邊有其他人的話，會比較容易獲得資訊，於是他每個月花 2,300 美元，在提供全套設備的 CFT Financials 租了一個位子。這裡和期易不一樣，他不必分潤。CFT Financials 位於舊金融區，離倫敦塔很近，步行就可以到，創

辦人是個有著「英雄本色」稱號、揮金如土的當沖交易員。
《交易員月刊》創刊號的封面，就是他倚在老爺車的引擎蓋
上，手臂挽著模特兒。這家公司大概有 30 多名交易員，都比
期易的交易員年長也更資深一點，沒人會暴粗口或是在停車
場踢足球。不過，當薩勞進駐這裡時，氣氛還是鬧哄哄地。
買賣方報價的價差爆炸開來，顯示出風險有多高，但也表
示有機會可以在一天之內就賺進別人的週薪。為了要賺錢，
薩勞從早到晚都在操盤，他先從歐洲股市開始，再轉換到
E-mini。幾個星期之後，他進行了一場關鍵的交易，就像之
前的交易一樣，這和投機沒什麼關係，他純粹是靠直覺和信
念在做事。

　　2008 年 11 月 20 日星期四，標普 500 收盤在 752 點，
是 10 多年來的最低點。雷曼兄弟崩盤之後已經過了兩個月，
金融體系還沒站穩，許多報告都建議美國政府和聯準會採取
更激進的措施。薩勞隔天進入辦公室的時候，先投錢到標普
500 期貨，心想著市場只有一個方向能走。果然，搖擺了幾
個小時之後，美國股市開始往上攀升。接下來的那個星期，
美國更努力救市，財政部宣布要挹注 400 億美元拯救花旗集
團。薩勞相信市場還會繼續向前挺進，所以買入更多部位，
把帳戶裡的每一塊錢都放了進去。

　　薩勞的經紀人在另一端遠距離觀察他的操作，愈看愈緊
張。不只是因為薩勞逐漸逼近交易的限額，而是他始終沒有

設立停損點，損失可能無法控制；如果市場突然垮了，公司將會受到重創。最後，這位資深經紀人認為他非得打電話給薩勞，請他在帳戶裡放更多錢不可。薩勞的母親黛吉特接到電話，經紀人請她叫醒薩勞。薩勞接過話筒時顯得很暴躁，經紀人都還沒解釋完打這通電話的緣由，他就對著電話大吼大叫：「兄弟，你在講什麼？看看市場！」經紀人沒注意到標普 500 又爆發了。他還來不及道歉，薩勞就說他要去睡回籠覺了。

原來那天稍晚，聯準會宣布要投入 8,000 億美元來活絡信用貸款。這就是市場在等待的火箭炮，紐約股市收盤的時候，標普 500 來到了 857 點，在 3 天之內成長了 100 點。如此強勁的成長力道，每隔幾年才能見到一次。薩勞這時大可以抱著鉅額現金出場，可是他卻繼續加碼，把贏來的錢全都押了下去。他沒有守在電腦旁邊監看，而是走出辦公室，到附近的麥當勞，連續喝了 4 杯奶昔。這就是「自由呼吸」投資哲學的終極實踐。兩天後他出場時，指數又漲了 39 點。在一個星期內，標普 500 成長 19%，納凡德‧薩勞順勢前行、水漲船高，賺了接近 1,500 萬美元。

「很多人覺得這是賭博，但其實恰恰相反。」一位當沖交易員回顧道，「紓困方案通過了，這就好像在牌局中你握有兩張 Ace 一樣。可是你得要有膽量。到底該不該進場？市場只有一條路可走，你得願意孤注一擲。」

　　幾天之後，那名資深經紀人打電話恭喜薩勞賺了大錢，問他打算怎麼花，得到的回應是：「拿去交易。」經紀人提醒薩勞將利潤看成抽象的數字非常危險，這是他自己在交易所裡用血淚換來的教訓。他建議薩勞爲自己買點好東西，可是薩勞卻說他什麼都不缺，然後就把對話轉移到他最喜歡的主題：萬惡的高頻交易。自從加入 CFT Financials，薩勞更相信高頻交易公司可以看到下單的人，所以他牢騷不止。他相信機器人可以看到別人設定的停損點，而這項寶貴的資訊可以讓他們進行高速買賣。即便當時薩勞已經大賺了一筆，足以改變人生，他還是一心想著別人在占他的便宜。經紀人發現自己在浪費時間，說了些祝福的話就掛了電話。

　　不過在這前後，薩勞確實給自己買了好東西：一輛福斯轎車。當他興高采烈地描繪這輛普通的掀背車比其他車款好多少的時候，CFT Financials 的其他交易員只是微笑聽聽而已——薩勞可是在一個星期之內，就賺了比高盛執行長整年的薪水還要多的錢啊。結果才繳了幾次停車費，薩勞對車子就失去興趣了。過沒幾個月，那輛車就放在車道上生鏽，接下來幾年都沒動過，最後拖去報廢。他計算了折舊率和保養費之後，跟所有聽得進去的人說：買車眞是門爛生意。

Chapter 8

幌騙的簡史

．．．．

納凡德‧薩勞押注在金融危機上，獲得了充裕的銀彈，不過事實上，在股市裡剝皮對真人交易員來說已經愈來愈困難了。爛貨曾經在網路上宣告，他要打造出軟體好在這個日漸自動化的世界裡維持競爭優勢，此時距離他發出那則宣言已經超過 1 年，這時他準備要將計畫付諸實踐了。薩勞遠大的夢想，是要引誘其他投資人按照他的意願來進行交易。其實交易員幾個世紀以來就一直在做這件事，只是他們是用不同的方法，也沒有那麼複雜。

18 世紀的英國作家丹尼爾‧笛福，在沒有撰寫《魯賓遜漂流記》《情婦法蘭德絲》或替君主當間諜的時候，也是個商人，買賣葡萄酒、針織品和香水。身為著作等身的社會評論家，笛福 1719 年便把目光轉到了倫敦市的交易巷，那是英格蘭銀行旁一條由灰色磚石打造的狹小巷弄，在喧鬧的咖啡廳裡，進行著文獻記載中最早的牲口與商品交易。笛福在其

論文〈解析交易巷〉（Anatomy of Exchange Alley）中寫下：
「這種交易來自於詐騙，出生於欺瞞，被詭計、騙局、花招、
贗品、假貨和各種手法給餵養長大。」文中有一段記錄了幌
騙術，並提到當時最成功的「股票自營商」喬賽亞・柴爾德
爵士（Sir Josiah Child），他後來成了國會議員與東印度公
司總督：

　　如果喬賽亞・柴爾德爵士有意要買，他做的第一件事就
是派他的經紀人露出愁眉苦臉的樣子，猛搖頭嘆氣，說印度
傳來壞消息，最後跟大家說：「喬賽亞・柴爾德爵士要我能
賣多少就賣多少。」或許他會賣出 1 萬或 2 萬磅。很快地，
交易所裡就會擠滿賣家，大家一毛錢都不會拿來買，「直到
股市往下跌 6、7，或 10 個百分點，有時甚至更多；接著，
狡猾的自營商就會派出另一群人來買。不過他們會很謹慎，
不透漏身分地買入所有能夠買到的貨。此時，如果賣出 1 萬
磅會損失 4% 或 5%，他就會以低於原本價格 10% 或 12% 的
市價買進 10 萬磅；幾個星期之後，再用相反的方法讓所有
人搶著買，這時就可以把原本屬於這些人的貨原封不動地賣
回給他們，淨賺 10% 或 12%。

　　讓我們把時間快轉 275 年到 1990 年代，同樣的招數也可
以在倫敦國際金融期貨期權交易所的營業場裡看到，但一買

一賣之間快上許多，不必等好幾個星期。倫敦國際金融期貨期權交易所離交易巷才不到 100 公尺遠。「可能客戶——譬如說高盛——會要我賣出 2,000 口，而且要盡量愈引人注意愈好，」有個前任交易員說，「1,000 口賣 99 ！ 1,000 口賣 98 ！ 1,000 口賣 97 ！我會賣出一點，然後價格就降下來了，猜猜看誰等著在 95 元的時候找另一個經紀人逢低買進？高盛！這時候他們會全部買進，把價格往上推。當其他交易員回來找我說他們要買的時候，我只能說全部被買走了。」

幌騙（spoof）是英國喜劇演員與音樂廳演奏家亞瑟‧羅伯茲（Arthur Roberts）在 1880 年代發明的撲克牌遊戲，後來隨著騙術進化，幌騙在英文就有欺騙、愚弄的意思。學生玩的幌騙遊戲，是讓對方猜哪隻拳頭握了錢幣，來決定下一輪誰要請客；在科技圈，幌騙則是指詐用別人的身分來獲取數據或金錢；金融市場最早提到幌騙，則是 1999 年《紐約時報》所刊出的〈在納斯達克追著鬼跑〉一文，記錄了股市中忽然出現了許多取消交易的單。

在交易場中，幌騙沒辦法太明目張膽，因為交易員看得到他們在和誰競爭。連續進行幌騙的人會被請出場外，確保他們知道自己犯了什麼錯。但是當電子交易讓每個人都可以在螢幕後面匿名操盤，這道防線就消失了。

另一個促進幌騙發展的就是階梯。市場參與者首度可以看到最佳買價與賣價以外的資訊，甚至還能看到交易委託簿

上有多少人正在等待。這項資訊十分寶貴，操盤的人可以一窺供需狀況，但也為幌騙創造了新的機會。人稱「換手哥」的保羅・羅特（Paul Rotter）就是利用這項資訊賺進許多財富，聲名大噪。羅特是個外型細瘦又不起眼的德國人，性格叛逆，1994 年在慕尼黑進入無聊又單調的銀行後勤部，每天的工作是把顧客的交易輸入德國期貨交易所的機器裡，這可以說是最早的電子交易螢幕。這個工作既冗長又乏味，但羅特從中發現了他的天賦 —— 他可以找到模式，理解價格的走勢。1 年內他就搬到了法蘭克福，從初級交易員做起。此時他剛好撞上了電子交易大爆發，交易場關閉，於是他變成了致命的線上剝皮族。這些原本在交易場大聲呼喊價格的營業員，都急著把他們的經驗轉化到電腦上，要從他們身上賺錢簡直容易到都要不好意思了。「那裡就是天堂，」羅特回憶道，「所有當地人都很習慣看到摩根大通或高盛的訂單，就想要跑在前面，可是他們現在沒辦法了，因為交易都是匿名的，他們不知道自己在做什麼。那時還沒有演算法交易，主管機關也還沒訂定新的規則說你能做什麼、不能做什麼。」

　　羅特 24 歲那年搬到愛爾蘭，和幾個同事成立了自己的基金。據報導，他利用當地人這種從眾的行為，在階梯裡面灌入買單，讓大家排在他旁邊跟著買。等到市場上漲幾點，他就取消買單，再立刻賣給那些不疑有他的交易員，這時他們就會用調漲過的價格買入，讓羅特可以平倉獲利。由於他的

交易量比所有人都大，他發現自己可以控制市場。不過，他也會踢到鐵板──在大規模地進行同時買賣時，他偶爾會發生「沖洗交易」，也就是和自己交易，而這是市場禁止的行為，於是他開始收到交易所寄來的警告信函。羅特與軟體開發商交易科技接洽，研究不接到自己訂單的方法，結果交易科技不但開發了一個「避免訂單交錯」的新功能，解決了這個問題，還無意間讓羅特利用漏洞的伎倆更上層樓。羅特以前必須先取消訂單才能轉換方向，現在他只要按一下滑鼠就可以同時完成兩個指令。想要搭羅特順風車的交易員根本毫無勝算，因為他立刻就可以掉過頭來，瞬間從買家換手當賣家，或賣家變買家。羅特曾經一天交易 20 萬口，狀況好的時候一個月內就能賺進 700 萬美元。過程中，他在交易圈裡樹立了不少敵人，他們不知道他是誰，只稱他「換手哥」，還向交易所施壓要禁止他進場交易。2004 年，有人在論壇上揭發了羅特的身分，他立刻要正面迎戰所有的倫敦同行。

「那時候有點嚇人，」羅特說，「這些人會說：『你最好小心一點！』我還收過『我們會來找你討個公道』這種訊息。」等高頻交易開始，新法規上線之後，羅特就退場了。現在，他在巴哈馬的自宅中進行長線投資，不過他還是不覺得自己有錯。「我在市場裡碰過很多人，1980 年代的股票經紀人都有自己的內線。但我從來沒做過那種事。我靠交易委託簿來操盤，看別人怎麼做就加以回應。他們覺得他們有權

利等待訂單出現，然後超前交易，我就利用了這一點。我一
直拿自己的錢在冒險。這是個公平的市場。」

　　和羅特齊名的另一個討厭鬼是俄國的當沖交易員伊格・
奧斯塔徹（Igor Oystacher）。他只花了幾年時間學習操盤，
就成為全世界 E-mini 交易量最大的人。奧斯塔徹出生在莫斯
科一個節儉的小康之家，父親是個工程師，在他 6 歲的時候
就教他下西洋棋。他 10 歲就打敗了父親，過不了多久便成
為該年齡組的市冠軍。他就讀的高中專收天賦異稟的學童，
著重在物理學與天文學。高中畢業後，他搬去美國和住在底
特律的親戚一起住，後來進入伊利諾州西北大學的數學系。
大三那年，他獲得芝加哥自營交易公司蓋爾博集團（Gelber
Group）的實習機會，結果因為太成功了，他決定輟學，專職
操盤。

　　擺脫了拘謹的俄國生活、遠離了父親的影響，完全自由
的奧斯塔徹全心全意都在賺錢。那時，他已經放棄了西洋棋，
改玩競速西洋棋（speed chest）。遊戲中，玩家必須在幾秒
鐘內下決定，而奧斯塔徹快如烽火的反應、辨識模式的技巧
和迅捷的記憶力，都可以立刻應用在判讀階梯上的資訊。由
於他陰森又難以捉摸，蓋爾博集團 200 多個交易廳的營業員
都稱他為「蜷伏者」。他交易的方式就像下棋，要制敵也要
反制。同樣在 2004 年，他引來了不必要的關注，因為有人在
論壇舉發神祕的操盤手，並為他加上 990 的標籤。那時，每

家公司都有編號，都會顯示在交易後的確認函上，蓋爾博就是 990。過不了多久，大家就都推測出壞胚子就是這個極具侵略性的新進俄國好手。

奧斯塔徹也和羅特一樣，使用交易科技的「避免訂單交錯」功能來迅速換手，大量買賣讓他所向披靡。「我知道聽起來很難相信，一個人怎麼能控制全球市場？但相信我，這真的在發生。」有個不滿的 E-mini 交易員在論壇上說，「他先從 300 口做起……現在他錢多到可以操作 2,000 口。」這價值 1 億 2 千萬美元。奧斯塔徹覺得這些抱怨既不正確也沒根據，於是視若無睹，還把操盤方法教給一群新的交易員，其中包括毫不起眼的中國數學家崔吉米，奧斯塔徹在西北大學就學時作業都是抄他的。2007 年，崔吉米被芝加哥的高頻交易巨擘跳躍交易給延攬，他變成比奧斯塔徹更大的玩家，把他的知識傳承了下去。

薩勞、奧斯塔徹和崔吉米都是大手筆的真人剝皮族，也都是厲害的高手，他們三人有時會在接受程式指令的機器人愈來愈多的市場中發生衝突。幾年後，調查人員將會談論這場發生在 2000 年代後期的「幌騙之戰」，那是一場運用邊緣策略且賭注極高的遊戲，玩家要想辦法趕盡殺絕，揭穿對手幌騙的訂單，逼他們「吐出來」——把原本沒有想要交割的單子給結了，承受毀滅性的損失。納凡德・薩勞曾經在論壇裡看過關於奧斯塔徹的文章，在他操盤的歲月中會酸苦地向

同事和芝商所集團抱怨「那個俄國佬」，他相信就是這個俄
國佬在他要賣空時進行幌騙的。但是事實上，雖然兩人確實
交手過，和薩勞對賭的其實另有其人，只是手法和奧斯塔徹
很類似。

在凶殘激烈的競爭中，薩勞也嘗試過其他賺錢的法子，
其中一個策略就是把重心轉移到「場前交易」。除了歐洲中
部時間 3 點 15 分至 3 點半這 15 分鐘市場休息之外，E-mini
每天 24 小時都可以進行交易。在這 15 分鐘之內，交易員可
以下單，但不一定要執行；芝商所會根據最大量買家和賣家
媒合的金額來計算「開盤參考價」（IOP）。交易員下單後修
正，再取消，就可以看到開盤參考價上上下下，直到最後 30
秒會鎖定數字，確認開盤價。開盤之後價格就會劇烈波動，
能準確預估開盤價格的交易員，就能在短時間內獲利。有謠
言說，有些交易員知道可以怎麼影響開盤價格，他們會以高
於或低於現價大量下單，引誘其他人跟進，然後在鎖定價格
前取消訂單。對薩勞來說，這段時間很好賺。他以前的同事
說：「我看他在開盤前進來，賺了十幾萬，然後就回家去了。」
不過 2009 年 3 月，芝商所聯絡了薩勞，提醒他所有的交易都
必須「基於善意」（bona fide）。

在倫敦的小小操盤共同空間裡租用一張電腦桌，很難清
楚地知道到底什麼是「基於善意」。美國在 1936 年頒布《商
品交易法》，將「操縱或企圖操縱跨州商業行為中商品的價

格或影響未來交貨」定為聯邦重罪，但是在 2011 年新法問世以前，期貨市場裡的監督管理很不完善。當時還沒有防治幌騙的法規，在法庭中要證實價格被操縱也很難，這個產業的看門犬期管會幾乎無法成案。市場的日常監督管理就交給交易所來進行，例如芝商所；但交易所總是把市場參與者視為寶貴的顧客，而不是要監管的對象。如果有人被懷疑企圖操縱價格，會收到許多次警告，才會真的被罰鍰，但罰金和他們的獲利相比，通常只有九牛一毛。

期貨市場不斷演進，但管控卻無法跟進。現在交易速度飛快，產生海量數據，有關當局完全無法監控眼皮底下發生了哪些事。薩勞每次進入階梯就會看到幌騙、沖洗交易、動量發起和其他詭計，這些人似乎都不需要承擔任何後果。他經常向芝商所提出檢舉，但他每次檢舉，交易所不是當作沒看到，就是說他錯了。如果他進行報復，自己也用這一些方法，好像也沒人會管他。所以他得到的印象就是：在演算法的年代，怎麼做都可以。就像他 2007 年在討論區中寫下的：「以我操作的量來說，我很清楚交易所會睜一隻眼閉一隻眼。」

如果薩勞在銀行或避險基金工作，就會有評估或檢查是否符合相關規範的專業人員，在他涉入灰色地帶時介入並加以阻止；但因為他獨立操盤，所以想怎樣就怎樣。GNI 的經紀人本來應該要「盡責地監管」他的行為，但他們不管是在

心態或是在財務上，都不想碰這些事，所以當芝商所寄來**警告信** —— 就像他因為在開盤前交易被**警告**一樣，經紀人也只會把信轉給他。

薩勞相信他正在面對生死存亡的戰鬥，而對手擁有超能力和極端優勢。他認為，如果要找到活下來的機會，就必須打造自己的機器。他不像高頻交易的公司，有資源可以從零創造出快速又強大的系統，所以他決定升級現有的軟體，就像黑手改裝老爺車一樣。儘管對科技一竅不通，薩勞卻有成功的把握，因為他知道他可以專攻機器人與生俱來的弱點 —— 機器人只能**跟隨**數據，盲目地回應交易數據裡面的信號，找出預測的方式。薩勞知道，他沒辦法像機器一樣快速地分析交易委託簿，比速度他最多只能拿第二，但他可以惡搞這些信號，他可以讓機器人回應他的指令，奪回控制權。**哦，小羊兒，來加入牧羊人吧！**

Chapter 9
量身訂做的功能

．．．．

　　納凡德‧薩勞在期易操盤的時候，就已經開始使用交易科技開發的一系列軟體了。交易科技位於芝加哥，成立於 1994 年，由期貨界傳奇人物哈利斯‧布魯姆菲德（Harris Brumfield）經營。布魯姆菲德在離開交易場之後開始使用交易科技的軟體，因為實在是太喜歡了，乾脆把整家公司給買了下來。交易科技的軟體幾乎所有交易員都在用，因為軟體內的工具讓他們可以觀察市場，下各種不同類型的單，還可以將延遲壓到最低，讓他們即時連線到交易所。這家公司還提供另一項產品，稱為「自動交易員」，讓沒有程式背景的顧客也能用微軟的試算表做出自己的演算法，以低廉的成本進行自動化交易。

　　2009 年 6 月 12 日星期五，薩勞撥了個電話給 GNI 的經紀人，請他協助聯繫「能幫我開發新功能的交易科技工程人員……我當然願意為他們所付出的時間與能耐付費」。經紀

人替他聯繫上交易科技在倫敦的業務代表之後，他寫了一封
信過去，主旨是「駭客任務」，內容如下：

> 兄弟，我需要這幾個功能：
>
> 1. 我們討論過的「沖銷就取消」功能。我想要能在靠近
>   最佳成交價的時候避免成交。
> 2. 出價但不成交。
> 3. 一鍵就在不同的價格點下單。
> 4. 我的單要能保持一定的量。也就是說，如果我的單後
>   面沒有 X 張單，我的單就會被取消。當然如果要這
>   麼做，我們就要排在最後面。
> 5. 要排在最後面，每次只要有新單進來我就可以增 1 口
>   或減 1 口。
> 6. 為了要維持整數，我的單要一直排隊，除非有等量或
>   更大的單進來，那就要斷尾求生。
> 7. 一次只要成交一小部分。也就是說，如果我放了 500
>   口，有 2 口成交了，另外 498 口都要馬上撤掉。
>
> 這些應該都不難，因為我交易的市場裡面都可以看到別
> 人在用這些方式，所以很普遍。
>
> 祝好
>
> 納凡德

　　薩勞的藍圖或許看起來並不複雜，他的目標就像交易巷裡的喬賽亞‧柴爾德爵士或其他炒短線的人一樣：要製造供需的假象，誤導市場裡的其他人，讓他能買低賣高。他設想的幌騙機器，將會持有大量期貨，他操盤時只要使用滑鼠就可以瞬間下單或撤單，強化他與生俱來的天賦。其中最重要的功能就是「沖銷就取消」，美國當局後來稱其為「分層出價演算法」（layering algorithm），這個功能可以在不同價格間放很多委託單，打壓價位，影響市場，也是欺詐行為，屬於嚴重違規。一啟動此功能，薩勞就可以大量下賣單，在最佳賣價上設定不同的價格點。市場價格可能往上或往下，薩勞的訂單就會跟著移動，每次都會和最容易成交的價格保持一定的距離，避免成交。在高頻交易的複雜世界裡，這個機制簡單到嚇死人，演算法發現有大量賣家湧入的時候，就會開始賣，價格就會跌。分層出價演算法就像工業電扇，可以把價格吹到谷底。薩勞會先手動賣幾張 E-mini，等市場跌了好幾點，再買入同樣張數平倉，同時獲利並取消幌騙的行為。幾分鐘後，等情勢平穩了，他又會再來一次。

　　幌騙策略的問題在於，這就像是在蒸汽火車衝過來之前跑到軌道上去撿銅幣。要能夠影響交易委託簿，訂單量一定要夠大；但如果這時有家大型的避險基金或銀行剛好誤打誤撞進入市場，交易了價值 10 億美元的 E-mini，把你的賣單全部拿去成交，你就只能驚恐地看著市場連跳 10 級，讓你損失

數百萬美元。納凡德的分層出價演算法經過設計，讓他的單子和最佳成交價保持距離，這樣就安全多了。不過他知道，如果真的想要誤導其他交易公司的演算法，最好能在靠近成交價的附近幌騙，但這很危險。所以他想出來的解決方案就是「重新排隊」，利用芝商所「先進先出」的系統。

你可以把 E-mini 的市場想像成一間超市，階梯上的每個價格就代表一個結帳櫃檯。每次有人要在特定價格下單，不管有多少單，都要從最後面開始排隊，等前面的人成交再慢慢往前移動。如果有人要增加訂單，就像超市裡面有人排隊排到一半又決定去拿其他商品，那芝商所就會認為這個人脫隊，他要從最後面再開始重新排隊。納凡德・薩勞的腦子就動到這上面：每次有新的訂單排在他後面，他的演算法就會自動加 1 口，因此要從最後面開始重新排隊，就更不容易成交了；而為了維持他要的交易量，只要前面有訂單成交，演算法就會自動減 1 口，所以演算法會持續加 1 口、減 1 口。此外，薩勞還設計了一道防線 ── 「斷尾求生」功能，如果訂單真的意外成交了，剩下的部位都會立刻取消，以降低潛在損失。

薩勞的電子郵件被轉寄給紐約的工程師安東尼奧・哈吉裘蓋里斯（Antonios Hadjigeorgalis），他的工作就是要協助顧客滿意自動交易員系統。大家都稱他哈吉，希臘裔的他也操過盤，但是不得志，所以在 2007 年操盤生涯告終後加入交

易科技。哈吉工作之餘都投入自我成長，會瑜伽、學武術，
嚴格地進行極低醣飲食法；他閱讀的速度很快，每年可以看
完數百本書，還會在部落格發表書評。哈吉加入的團隊人手
嚴重短缺，他到職的時候，該部門全球加起來只有 4 名工程
師，而且他倫敦的同事沒過多久就辭職了，哈吉必須要代理
他的工作，光是美、英兩地往返全年就超過 10 萬英里。

　　2009 年夏天，哈吉到了倫敦，在業務代表的安排下密集
會見現有與潛在客戶。在 CFT Financials 的辦公室裡，薩勞
提到了他要的功能。「沖銷就取消」在自動交易員系統中很
好設定，哈吉幾分鐘內就搞定了。「重新排隊」比較奇特，
高頻交易公司投入數百萬美元，就是希望他們的系統可以排
在最前面，但現在卻要反其道而行。哈吉在會議結束時答應
會研究看看。幾個月後，薩勞在 11 月時又傳了電子郵件來：
「你設定的系統……讓我可以在最佳成交價以外，用特定的
價格下特定的量，真的『很好用』。我記得你寫了幾行程式
就做出來了，不曉得你可不可以告訴我那些指令是什麼，這
樣我就可以舉一反三地試試看。」哈吉答應了，結果接下來
的好幾個星期就被薩勞轟炸；他提出更多要求，這讓哈吉非
常氣餒。交易科技的顧客每個月都付一樣的月費，而且他們
得到的協助都不會公開，可是薩勞搞得很像哈吉只替他工作
一樣。當薩勞再度逼迫哈吉開發出「重新排隊」的功能時，
哈吉說這已經超過了自動交易員系統的功能設定，薩勞必須

找外面的設計師來做。哈吉覺得薩勞的堅持很奇怪，但沒過多久，交易科技就在倫敦請了新的工程師，納凡德·薩勞不再是他的問題了。哈吉再也沒想過這個人，直到 6 年後他再在晚間新聞裡看到他。

Chapter 10

崩盤

. . . .

　　2010 年 5 月 6 日星期四，納凡德‧薩勞在樓上的臥室睡醒之後，起身就打開電腦，電腦桌靠近他的單人床床腳。薩勞在 CFT Financials 有租一張桌子，但他比較喜歡在爸媽家操盤，這裡比較不容易分心，也沒人想偷看他在做些什麼。他是一隻夜行的孤狼。他的親密好友不多，除了偶爾打打撞球，或是在附近的公園踢球，他幾乎足不出戶。他父母逼他趕快成家，但他只對操盤有熱情。他父母每個星期天都帶著大兒子拉傑德一家去寺廟，他們很虔誠，還會包頭巾，而薩勞就待在家裡睡覺。

　　發明了一台印鈔機卻不能告訴任何人，這種感覺很難想像，但這就是納凡德‧薩勞在做的事。他利用交易科技軟體所設計的功能奏效了。事實證明，他的想法有效得瘋狂又可怕。經過初期的一些調整和測試之後，他已經把系統修正到幾乎可以隨心所欲地控制全世界最大的市場。前一天，他在

幾小時之內就賺到了 435,185 美元，根本就可以買下他父母
的房子了；再前一天，他的利潤是 876,823 美元，比他的偶
像梅西在巴塞隆納足球俱樂部的單日收入高了七倍。剛開始
進入市場交易的時候，薩勞就決定不要讓家人和朋友知道他
的財務狀況，因為他擔心他們因此會態度丕變。這時他年僅
31 歲，已經比全世界收入最高的足球明星還會賺錢，除了經
紀人和幾個金融顧問之外，幾乎沒人知道這件事。

　　薩勞的活動並非完全沒被注意到。在幾個星期以前的 3
月 23 日，芝商所內部的監控機關就曾經發電子郵件給他的經
紀公司 GNI，告知在僅僅 5 分鐘之內，他們的客戶就有 1,613
筆交易被拒絕，這封信的主旨是「這筆訂單不在交易委託簿
內」。市場內的競爭對手顯然發現了薩勞的訂單會停留在階
梯上，可是當他們要成交的時候，訂單就消失了。GNI 檢視
了這個問題，認為薩勞是用軟體「在 1 秒鐘之內刪除了大量
訂單」，於是他們把芝商所的信轉發給薩勞，建議他停手。

　　接下來的那個星期，薩勞發信給芝商所、並且把他的經
紀人加入收件清單，為自己造成他們的不便與困擾道歉。他
說他「只是想要給朋友看看市場裡買方隨時會出現的狀況，
這都是高頻交易那些怪咖搞出來的」，並且問芝商所既然注
意到他了，是不是表示「高頻交易宅大手筆操弄市場」的現
象也會終止，然後他就繼續操作他的程式了。

　　在外頭的真實世界裡，那天有大選，所有的居民都往投

票所去了。英國在金融危機之後一直沒穩定下來。失業率高
達 50%，蘇格蘭皇家銀行和駿懋銀行集團等都收歸國有了，
經濟依然一蹶不振。左傾的工黨在 1997 年靠著樂觀浪潮攫取
政治勢力，這時面對了中間偏右的保守派打擊。納凡德．薩
勞兩邊都不在乎。對他來說，所有政治人物都一樣爛；但政
治不確定性會影響市場，這對操盤來說是很好的事。

　　薩勞的交易策略依賴波動，他會緊盯著情勢，就像衝浪
的人在等待最完美的大浪；海面很平靜的時候，他就躲得遠
遠的，但過去幾個星期卻出現了驚人的動盪。在 2009 年中到
2010 年 4 月之間，因為利率降低且中央銀行發錢，全球股市
終於從金融海嘯後的低點回升，可是危機也顯露出歐盟的腐
爛，且臭味愈來愈強烈。很多國家，特別是「歐豬五國」（葡
萄牙、義大利、愛爾蘭、希臘和西班牙），拿錢拯救了國內
銀行之後，卻被債務拖垮，造成百業蕭條、失業率攀升等社
會動盪。最慘的是希臘，局勢糟到連債務都還不起，這個國
家根本就破產了。歐盟委員會、歐洲中央銀行和國際貨幣基
金組織在 5 月 2 日宣布，要提供一條 1,450 億美元的生命線，
希臘拿了這筆錢，就必須同意實行緊縮措施，減少公部門的
支出，這對無計可施的希臘人來說是最後一根稻草。但是 5
月 4 日，上千名抗議民眾卻集結在雅典衛城，這顯著的對比
讓人看出希臘已經失去了過往的榮光。

　　當時新聞的熱門關鍵字是「感染」（contagion）。如

果這些國家開始違約拖款，持有他們國債的銀行就必須向自己的國家要求援助，也就無法投資未來政府要發行的公債，走向死亡螺旋。而繼希臘之後，義大利或西班牙這麼大的經濟體眼見又將步上破產的後塵。在這平衡之間懸著歐盟的未來，所以機構投資人紛紛選擇安全的投資，把資產從歐元區的國債抽出，轉投資黃金和國庫券。到了 5 月 6 日上午，標普 500 裡用來衡量預期波動的「恐懼指數」，比該週第一天的數值高出了 16%。

下午 3 點 20 分──芝加哥時間上午 9 點 20 分，納凡德·薩勞按下滑鼠，打開了自動交易員程式。他前陣子剛賺了一筆意外之財，家中設備也沒有比期易的設備複雜，只有 3 台顯示著階梯、圖表、新聞資訊和交易科技軟體介面的螢幕，和一套標準鍵盤與滑鼠。唯一的聲音是從頭頂經過的飛機，和避免主機過熱的電腦風扇。他啓動了「沖銷就取消」的功能，在最佳成交價 1,163.25 元之上三級處下了四張賣單，共 2,100 口，各距離 1 個跳動點，總計 1 億 2 千萬美元。接下來的 6 分鐘內，隨著 E-mini 的價格變動，這些訂單就會自動取消，在新的價格點重新下單，總共進行了 604 次，一直和最佳成交價維持著固定距離，所以不會成交。在此之前，市場已經在往下跌了，而且還有其他交易正在進行，根本不可能清楚判斷納凡德·薩勞的幌騙帶來多少衝擊；不過等到他當天第一次關掉演算法的時候，市場已經跌了 39 個百分點。

　　那天市場瀰漫著一股焦慮的情緒。希臘的新聞報導看起來像是世界末日，身穿黑衣的抗議民眾朝著武裝的警察投擲汽油彈，而警方努力以高壓水炮拉開距離。頑固的歐洲中央銀行行長尚—克勞德·特瑞謝（Jean-Claude Trichet）在里斯本拒絕以更極端的方式來抑制危機，把西班牙的債券收益率推到了 12 年來的最高點，逼歐元貶得更多。歐洲收盤的時候，依據歐元區前 50 大績優股編製而成的道瓊歐盟 50 指數（EURO STOXX 50）下跌了 3%，標普 500 則緊追在後。薩勞曾經和他在期易的小跟班說過，市場不過是一個大型的心理氣壓計，若照這話來說，當時的指針就落在恐懼和驚慌之間。

　　在這樣的時候，薩勞這種短線操作的手法最為合理。市場起來的時候，通常會花上幾個星期或幾個月，有秩序地穩定攀升；但是市場下跌的時候，修正卻可能很快，而當這種情形發生，薩勞便想要正確布局，準備收割。這就是為什麼他累積的財富，大約來自於他整個投資生涯的其中 20 天而已。後來當監管人員問起的時候，他也是這麼說。

　　幾個小時之後，到了倫敦下午 5 點 17 分，薩勞在收手之前又啟動了自動交易員程式。或許是為了避免被偵測，或是要避免曝光，他通常設定 5 分鐘或 10 分鐘循環一次；但這次他卻讓他的單子在市場裡停留了超過 2 小時，而且他還加碼演出——他啟動這一回合的時候，先下了五張賣單，每

張各 600 口，設定在比最佳成交價高 3、4、5、6、7 個跳動點的價格。外面天漸漸黑了，他加了第六張單，把幌騙的總額抬高到 2 億美元。這麼猛烈的火力在交易委託簿裡面會造成嚴重失衡，把賣單的數量推到了待成交買單的兩倍。薩勞為了加強賣壓，還會用滑鼠與鍵盤，間歇性地手動放入 289 和 188 口。市場一下跌，他就機伶地進行真正的交易，賣掉 E-mini 之後再用更低的價格買入。

最後，到了倫敦傍晚 7 點 40 分，也就是芝加哥下午 1 點 40 分，納凡德關了系統，停止交易。他為什麼選擇在那個時間點收手，原因仍不清楚，或許是他媽媽叫他下樓吃飯吧。根據監管人員的計算，這次擾亂市場的程度，在他自己的紀錄榜上可以排第二，大約影響了 1,850 萬筆單。光是最後那 2 小時他就買賣了 62,077 口，總價值 34 億美元。如果市場在任何一個時間點重整，他的帳戶就會完全歸零；但事實上，E-mini 跌了 361 點，讓他賺了 879,018 美元。接下來發生的事，他都只是一個旁觀者。

就在納凡德關了自動交易員程式後 1 分鐘，芝加哥時間 1 點 41 分，E-mini 開始以前所未見的速度和強度暴跌。標普 500 的市值在 4 分鐘內蒸發了 5%，遠超過當天的跌幅，在價格表上畫出了一道懸崖般的線條。幾乎同一時間，SPDR 公用事業類股 ETF 也跟著紐約證券交易所連動。接下來個股開始顫動，全世界各地的交易員螢幕上都閃爍著一片紅海。恐

懼指數飆高了 20、25、30%，道瓊首度在 6 個月內跌破 1 萬點。
恐懼的市場參與者各自逃命，抽出資產，導致 E-mini 像瀑布
一樣，一口氣下墜了 5 個或 10 個跳動點，一度連原油都遭殃。
從法蘭克福到上海，緊密相依的金融市場陷入一片混亂，末
日般的惡夢在現實生活中加速上演。1 點 45 分 28 秒，E-mini
的階梯凍結了──芝商所防止價格過度波動的機制進場，在
漫長的 5 秒鐘內，沒有任何交易，全世界的真人交易員與演
算法都一起暫停了。道瓊在 5 分鐘內的跌幅就創了 114 年來
的歷史紀錄。

　　交易能繼續的時候，E-mini 開始快速且奇蹟般地往上爬
升。標普 500 從 1 點 45 分的低點 1,056 點開始，到了 1 點 50
分已經來到 1,096，3 分鐘後到了 1,120，把 E-mini 的走勢變
成了一個陡峭的 V 字型。交易員還沒能夠從集體恍惚中清醒
過來，只發現價格已經重新振作了。交易自動以超高速度進
行，演算法和演算法以前所未見的狂亂方式互動。就算有些
人急著想要出場，交易量仍攀到幾乎是歷史的高點，期貨就
像彈珠台裡的鋼珠一樣飛過來飛過去。

　　不過，交易所當天的變化還不算是這天最奇特的事件。
芝加哥時間下午 1 點 45 分到 2 點之間，美國最廣為人知的幾
家企業的股票，以完全不合理的價格易手了。寶鹼、惠普、
通用電氣和 3M 的股價下跌超過 10%，而熱門的 ETF 安碩羅
素 1000 大型價值股指數基金從 50 美元跌到 0.0001 美分，埃

森哲的股票則以 1 美分成交；而在光譜的另一端，蘋果和拍賣公司蘇富比則是漲到每股 10 萬美元，公司市值短暫破兆。

股市暮光如曇花一現。E-mini 繼續回升，參與者試探性地回到市場，個股開始以正常價格重新交易，回到了下午 1 點半以前的光景。在半小時內，市場回溯他們的損失，等到紐約證券交易所收盤的時候，道瓊已經回到了 10,520.32 點，當日跌幅 3.2%，雖然不小，但也稱不上特別。任何交易員如果在 2010 年 5 月 6 日下午 1 點半離開電腦桌去喝杯咖啡，就會錯過了這一切；但是大約 20 分鐘後，金融市場會在煉獄中掙扎。最後，沒有人知道原因是什麼，災難就這麼轉向了，只是餘波還會盪漾個好幾年就是了。至於納凡德・薩勞呢，他放了自己幾天假。芝商所在那個月又再度發信，提醒他要秉持善意進入市場。「我剛打給芝商所，」他寫信給經紀人說，「叫他們都去吃屎。」

第二幕

ACT TWO

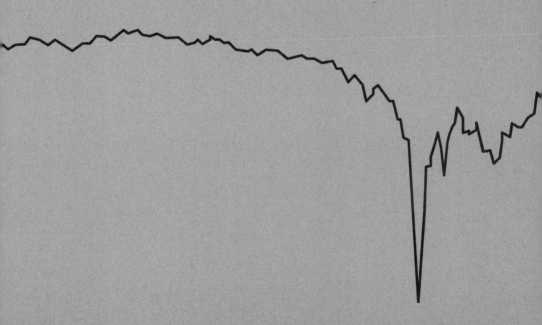

Chapter 11

後續

・・・・

　　美國財政部部長提摩西・蓋特納（Timothy Geithner）在 2010 年 5 月 6 日休市後，於美國東岸時間傍晚 6 點 30 分召開了總統金融市場工作小組。與會成員還包括了期管會主席蓋瑞・根斯勒（Gary Gensler）、美國證券交易管理委員會（簡稱證管會）主席瑪麗・夏皮洛（Mary Schapiro）、聯準會主席班・柏南克（Ben Bernanke）、紐約聯邦儲備銀行行長威廉・杜德利（William Dudley），以及其他美國國內大型金融機關的主管；他們每人都負責了數百兆美元的市場。美國總統雷根在 1987 年 10 月的股災之後就成立了這個工作小組，以進行跨部會的協調，人稱「救市國家隊」（Plunge Protection Team）。雖然沒有事實根據，但這些人會持續為了國家而干預市場的謠言，始終沒有停過。那天傍晚之所以召開會議，就是因為全球數百萬人同時間都在問：他媽的到底發生了什麼事？

　　蓋特納部長要求所有人輪流報告他們當時所掌握的資訊。那天發生的事和 1987 年的股災意外地相似。市場原本就容易激動，標普指數期貨忽然下降，影響了股市，投資人紛紛急著出場，所以交易量大增。股市的基礎結構撐不住這狂亂的行為，導致資訊匯入產生時間差和好幾筆異常的交易。這兩場股災最大的差異是：1987 年的股災發生了一整天（黑色星期一），而閃電崩盤只有半小時。幸好，這次市場回彈了。至於是誰或是什麼原因造成了這次的股災，所有人都毫無頭緒，一時間謠言四起——有人說或許是某個交易員的手指特別粗壯，有人責怪駭客，有人懷疑是恐怖分子。但是世界已經進化成市場裡的陰謀用肉眼都觀察不到了，為了要能找出明確的答案，負責監管期貨的期管會和負責監管股市的證管會，就必須獲得交易數據，每毫秒、每毫秒地分析，才能知道每個人在每個時間點上在做什麼。這是電子時代以來規模最大的嘗試。

　　有人可能以為，監管人員可以隨時監控市場上的行為，但其實收集數據的是交易所，監管機構得提出要求，交易所才會呈報。以期貨來說，多數商品都在一個交易所裡交易，所以相對單純很多；芝加哥期貨交易所已經把當天 E-mini 的交易紀錄檔案都送交期管會了。但股票就不一樣了。從 2005 年推出新規範以強化競爭後，美國股市就零碎得亂七八糟，數十個交易所、電子網絡和隱匿的交易站如雨後春筍般冒了

出來，讓投資人可以買股票，證管會得等這些機構都回傳資料，才能進行完整的分析。蓋特納部長建議由他自己、根斯勒與夏皮洛，來與大型交易所的主管會談，用一個星期的時間收斂對話，找出結論。

　　儘管有資訊黑洞，政府還是得頂著壓力安撫大眾，讓大家知道一切都在掌握之中。股災隔天以及那個週末，所有新聞都在談閃電崩盤，輿論都認為這是因為演算法交易興起所造成的，如《紐約時報》寫著「高頻交易出差錯，投資人痛失數十億」。而且這起事件發生的時間也差到不能再差了。那個月，美國在經濟大蕭條之後最大宗的金融法案《陶德—法蘭克華爾街改革與消費者保護法案》（*Dodd-Frank Wall Street Reform and Consumer Protection Bill*）正要送到參議院，這部龐大的法案已經讓金融機構的成員不眠不休地忙了很久。有鑑於 2008 年的金融海嘯，政府為了要監管衍生性金融商品，並增加銀行的耐受力，所以推出這部法案。法案中幾乎完全沒有提到演算法或高頻交易，因此有些國會議員便質疑，有關當局是不是太忙著修復上一場危機所暴露出來的危險，沒看到下一座冰山已逐漸浮現了？5 月 7 日，閃電崩盤隔日，民主黨參議員泰德‧考夫曼（Ted Kaufman）和馬克‧華納（Mark Warner）發表了一封公開信，要求監管機關向國會報告該法案生效後 60 天內發生的事。他們在信中表示：「軟體出差錯導致市值暫時跌了 1 兆美元，這完全不能接受。」

　　爲了回應喧囂紛亂的輿論和媒體，政府做了政府常做的
事：組了一個委員會——新興法規聯合期管會與證管會顧問
委員會；會中成員包括業界領袖、過去的監管人員和得過諾
貝爾獎的教授。該委員會要思考：市場結構是否有調整的必
要？以及如果要調整，那麼在這個全新的自動化時代裡，該
如何改變？市場又要如何監督？這個團體的成員身分顯赫，
但沒有一個有高頻交易的直接經驗，而且最年輕的成員都已
經 55 歲了。同時，期管會與證管會的幕僚繼續尋找線索，拼
湊出 5 月 6 日當天的事發經過。期管會將責任託付給文質彬
彬的賽勒斯‧阿米爾—莫克利（Cyrus Amir-Mokri），他曾
經是菁英薈萃的世達律師事務所的合夥人；他的目標是要盡
速調查閃電崩盤，以表示他們很在乎這件事。

　　期管會的總部設於華盛頓市中心，在這棟橘色磚牆的九
層樓建築物裡，阿米爾—莫克利組成了一個包括大約 20 名律
師、調查員和經濟學家的團隊，其中有些來自執法與市場監
管部門，他們要負責訪談閃電崩盤當天最活躍的交易員；其
他人則要負責檢視總體經濟的狀況。出生於烏克蘭的年輕經
濟學家安德烈‧基里連科（Andrei Kirilenko），則帶領一群
學者逐筆分析交易的細節。每天晚上 7 點，這個團隊就要在
頂樓的會議室集合，討論他們的進度。他們那幾天都根本沒
睡。「很操，」一位幕僚說，「我們一直聽到：『國會打來了！』
『白宮打來了！』他們都要知道答案！」

除了壓力之外，媒體還不斷地評論和臆測。《華爾街日報》有篇文章以略微譏諷的口吻，質疑暢銷書《黑天鵝效應》的作者納西姆‧尼可拉斯‧塔雷伯；這本書討論的是極端的經濟事件，塔雷伯自己卻是基金顧問，所以那個基金就是罪魁禍首。美國全國廣播公司商業頻道的網站則引述了鄉民的言論，說寶鹼的股票在交易時因為打錯字，引發了股災。其他新聞也報導了很多受災戶的故事。市場在 5 月 6 日收盤之後，美國金融業監管局和交易所協議：股災開始之後，價格波動幅度達到 60% 以上的交易，全數取消。大約有 2 萬筆股權交易都作廢了，但當然不是所有交易都能達到這個門檻，所以還是有些人損失慘重。

麥克‧麥卡錫（Mike McCarthy）住在南卡羅萊納州，失業之餘還必須撫養三個孩子。他媽媽在 2009 年往生時留給他不少股票。崩盤當天下午，情勢惡化的時候，他在驚慌之中打給摩根史坦利的經紀人，請她開始拿股票換鈔票，免得股票到最後一文不值，其中就包括 738 張寶鹼的股票。很遺憾的是，經紀人在市場下墜時開始賣出，最後每股只賣出了 39 美元；如果早或晚個 20 分鐘，每股就有 60 美元。命運的捉弄讓麥卡錫損失了 1 萬 7 千美元。他對《華爾街日報》的記者說：「那筆損失可以付 6 到 8 個月的房貸。」

在美國國土的另一邊，有個達拉斯的小型避險基金諾開（NorCap）倒閉了，因為投資失利，所以必須購入選擇權來

平衡，而他們執行買單時，選擇權從 93 分漲到 30 美元，由於美國金融業監管局的協議不包括衍生商品與交易對手，如高頻交易巨擘城堡投資集團，所以這筆交易不能註銷，諾開因此損失了超過 300 萬美元。

這樣戲劇的變化對納凡德‧薩勞是件好事，但是伊格‧奧斯塔徹在標普 500 指數才跌 4% 的時候，就把籌碼都放在 E-mini 上，結果在 1 分鐘內賠了 350 萬美元。對薩勞來說，這就是奧斯塔徹的報應。奧斯塔徹雖然準確預測了市場會回彈，但是他在市場持續震盪時就失去了勇氣，倉皇出場，承受了生涯最大筆的損失。幾天之後，他辭掉了蓋爾博集團的工作；他從學生時代就開始在蓋爾博操盤，現在他決定自立門戶了。

丹尼‧萊利（Danny Riley）也是受災戶。他過去曾是經紀人，經驗豐富，但他差點血本無歸。他的交易員在市場回彈的前一刻，接受了避險基金的高額訂單。「我們看著標普徹底崩潰，然後擴音器裡有人在尖叫……（開始回彈之後）我記得我低頭看著另一排電腦桌，」萊利回想著，「每個人看起來都很淡定，我就問：『嘿，大家還好嗎？』每個人都點點頭，除了最後面的那個人搖頭，表示他有麻煩了。」萊利請交易對手註銷這一筆，但對方拒絕了，結果他們公司損失了大約 800 萬美元。他怪監管人員沒有阻止演算法崛起。「誰讓這玩意從後門進來？誰又不好好管控？」他在網路廣

播節目接受訪談時說，「我是芝加哥人，但這一切已經失控了。」

　　閃電崩盤後的那個星期，根斯勒、夏皮洛和大型交易所的主管在美國財政部聚集。部長辦公室旁的會議室裡氣氛緊繃，一邊是表情誇張的芝商所集團總裁泰瑞・達菲（Terry Duffy），他以前是愛爾蘭股票的交易員，誓死捍衛芝商所的名聲；另一邊則是為證券市場發言的人，包括紐約證券交易所和納斯達克的主管。緊張的情勢從崩盤當天下午就開始升溫。期管會的幕僚回想起那場會議：「為了管轄權的問題，大家吵了很久。有人說證券爛透了，期貨市場比較有規矩，也有人覺得恰恰相反。」在那兩小時內，這幾位高階主管輪流說明他們的市場，如何在其他市場失能的時候依然能夠運作良好。1987 年，對期貨和股票也有過類似的爭執。會議結束的時候，他們沒有反目成仇，但是對於這起事件到底是誰的錯，也沒有達成共識。

　　回頭來看美國期管會。調查員的首要任務，是說明在閃電崩盤的原爆點，也就是歐洲中部時間下午 1 點 41 分前後，誰在 E-mini 的市場中最活躍。仔細爬梳交易紀錄之後，他們很快就發現有一家公司在那個下午賣掉的 E-mini 比任何人都要多，那就是沃德爾—里德金融（Waddell & Reed）。這家在 1937 年成立於堪薩斯市的大型共同基金，由兩位一戰的榮民所創辦，他們想要幫助許多家庭計畫未來：「不管你的

背景或財富水準，一次只要走一步。」沃德爾—里德金融的
旗艦投資工具就是價值 270 億美元的長春資產策略基金（Ivy
Asset Strategy Fund），由該公司總裁麥克・艾弗瑞（Michael
Avery）共同管理。在 2010 年的多數時間裡艾弗瑞都看漲，
到了閃電崩盤那一天，這筆基金裡有 87% 的資產都是股票。
但是那天早上，當道瓊開始下跌，媒體頭條都是歐洲的壞消
息時，他就改觀了。他要求同事避險，賣出價值 41 億美元的
7,500 口 E-mini。這樣一來，如果市場繼續跌，基金在股市
裡承受的損失可以就靠 E-mini 跌價所賺進的利潤來平衡。通
常，這家公司的首席交易員傑夫・歐布萊特（Jeff Albright）
會主管高額交易，可是那天歐布萊特和幾名同事剛好都在希
爾頓總統飯店，參加堪薩斯市證券協會主辦的活動。他們不
在的時候，其他交易員會用英國巴克萊銀行所提供的演算法
平台來執行交易。這並不稀奇：基金經理都會用演算法來拆
開大單，偷偷執行；但是問題出在他們選用的這套程式。

　　巴克萊銀行的平台，讓顧客可以決定他們要如何執行買
賣指令，有很多變數可以設定，如交易量、價格與速度等。
根據沃德爾—里德金融的交易員設定，系統會以前一分鐘交
易量的 9% 來賣出 E-mini。這麼做是因為，交易量增加，就
表示市場有能力吸收這些買賣，那賣方就會增加；當市場慢
下來，演算法就會放鬆。不過，沃德爾—里德金融卻沒有設
定任何緊急保險機制，例如每筆 E-mini 的最低額，或是每個

時間點要脫手多少 E-mini 的上限。在正常情況下，演算法可以為沃德爾—里德金融完成目標，在安全範圍內執行大單，慢慢釋出 E-mini，讓市場上其他人不會注意到異狀。可是當他們在下午 1 點 32 分啟動程式的時候，歐洲已經很慘了，市場完全亂了套。7 分鐘之內，沃德爾—里德金融的演算法已經賣出了大約 1 萬 4 千口 E-mini。這時候，不少高頻交易公司和避險基金都因為擔心市場混亂所以關閉了電腦，留在市場內的少數買家也不見了。下午 1 點 41 分，因為沒有任何活動能支撐賣壓，E-mini 開始乘著失速的電梯下墜。如果沃德爾—里德金融的交易員能來得及反應，或許就能關掉程式。可是對交易量很敏感的演算法此時卻快了起來，因為儘管投資人紛紛出逃，交易活動卻增加了。期管會後來認為，因為沒有人可以進行交易，這些留在市場裡的自動交易機器人便進入互相買賣 E-mini 的狂亂中，他們稱為「燙手山芋」（hot potato）效應。等到芝商所防止價格過度波動的機制在下午 1 點 45 分 28 秒進場，暫停所有交易 5 秒鐘時，沃德爾—里德金融已經賣掉了價值 19 億美元的 E-mini。接下來的 6 分鐘之內，市場回彈，沃德爾—里德金融又把剩下的 22 億給脫手處理掉。

　　這樁交易成了當年最大筆的 E-mini 買賣，只花了不到 20 分鐘，就彷彿有十二級的巨風吹過一樣。根斯勒在演講中，說這場交易就像是「在深壑裡讓飛機自動導航」。

　　期管會一點都不懷疑沃德爾—里德金融這筆龐大的買賣，就是閃電崩盤的導火線；但是經濟學家基里連科還想知道，高頻交易在其中扮演了什麼角色。畢竟，基金和銀行一直都在不好的時間點做不好的買賣，可是市場從來沒有這麼猛烈地暴跌過。從去年開始，基里連科和他的同事就在一個名為「首席經濟學家辦公室」的部門工作，其中許多博士生之所以會想進到政府機構，就是希望可以拿到最即時的高機密交易數據。他們和基里連科一起打造現代電子期貨市場裡的解構方式，就是想要知道高頻交易有多麼普遍，又為何這麼好賺。閃電崩盤之後，他們的研究受到了矚目。「高頻交易仍然不是熱門主題，」馬里蘭大學的財金教授亞伯特‧凱爾（Albert Kyle）當時也在期管會，「但我們有很多疑問，像是：『如果其中一套演算法壞掉了怎麼辦？』還有：『演算法會不會讓市場更競爭？』」

　　研究人員發現，在 5 月 6 日那天，E-mini 市場裡有大約 1 萬 5 千個參與者，包括了一次只買 1 口的菜鳥和全球最大的退休基金。他們根據交易行為找出了 16 家高頻交易公司，他們的交易量很大，但從來不累積大部位，而且當日就會平倉。儘管這些以芝加哥為基地的公司只占了整個交易人口的十萬分之一，卻占了總交易量的 29%。高頻交易遊說團體總是說他們增加了市場的流動性，讓參與者更容易用合理的價格進行買賣，可是數據卻顯示，最賺錢的高頻交易公司會讓

市場不流通，因為他們會強勢地捲走其他人想成交的單，學者稱之為「流動性狙擊」（sniping）。閃電崩盤那天下午，多數高頻交易公司不是關了電腦，就是加入狂賣行列，把價格壓得更低。「在閃電崩盤期間，高頻交易公司的交易行為讓價格跌得更多。」基里連科及其同事表示，「我們相信科技創新對市場進步很重要。但是在進步的時候，也要適度調整防守的機制，才能維護金融市場的健全。」

　　證管會到了夏天快結束的時候，都還沒能整理好美國的股票市場資訊，提交足夠的交易數據進行分析，進度完全追不上期管會。少了數字，證管會只好訪談交易員，問問他們的經歷。從對話中可以發現那天下午其實有兩次崩盤：一次是下午 1 點 41 分至 1 點 45 分之間的 E-mini 暴跌，另一次是 1 點 45 分到 2 點之間的個股崩盤。現代市場高度緊密連結，所以 E-mini 暴跌就會導致股票交易員的系統自動關閉。這樣一來，在強勢賣壓中，市場裡又沒剩幾個買家，股價就一瀉千里了。幾分鐘之內，超過 1 萬檔股票和 ETF 跌了超過 10%。全球最大的股市紐約證券交易所，當天還出現技術問題，根本就是為逃難潮火上加油——他們那天正好要升級資訊系統，所以報價都晚了 20 秒，這在以百萬分之一秒進行的市場裡，根本就是一輩子那麼久。

　　至於為什麼有些股票的交易價格會低於 1 美分，有些則高達 10 萬美元，則是因為有一條晦澀難解的規定，要求造市

商在任何情境下都要提供報價。這條規定本來是要避免像閃電崩盤這種事件的發生，因為那可以保證隨時都有人願意交易；不過，華爾街向來上有政策下有對策，有些交易員規避的方法就是在交易委託簿裡留下極高或極低的報價紀錄。在2010年5月6日之前，沒有人認為這些「唬嚨報價」會真的成交。

閃電崩盤後過了將近5個月，期管會和證管會終於發表了聯合報告。要判斷股災的根本原因，就像是要說明第一次世界大戰的起因或是希特勒是怎麼崛起的一樣。當系統複雜到不行，就會有許多因素相互交錯，這些因素對不同世界觀的人就有不同的分量。監管人員所描繪的景象是個完美的風暴，一筆操作不良的龐大賣單，在錯誤的時間點進入市場，讓原本就很動盪的市場崩潰了。這份報告認為，高頻交易公司沒有造成崩盤，但卻增加了賣壓，讓大家逃得更快，所以高頻交易也沒幫忙導正市場。

這些結論當然招來了批評，尤其是沃德爾—里德金融，他們在芝商所集團的支持下發表了聲明：「沒有任何證據顯示，我們的交易在5月6日擾亂了市場。」而且「像我們這種規模的交易，通常市場很容易就能吸收了。」高頻交易的先鋒、交易機器人系統（Tradebot Systems）公司的創辦人大衛‧康明斯（Dave Cummings）卻不同意這個說法，他說：「誰會在不設定價格限制的時候，就把41億美元的交易放入

市場？」他寫了一封很嚴厲的電子郵件，被媒體公開了，「有人在明明是人類判斷失準的時候責怪科技，這讓我很憤怒。」

這兩個委員會的聯合報告多達 104 頁，兩個委員會的主席在接下來的幾個月之內也針對閃電崩盤接受了許多場訪談、發表不少談話，但他們始終沒有提到幌騙和操弄市場的行為。這份報告剛開始的版本，認為 E-mini「賣單和買單明顯失衡……造成流動資產異位」，但沒有人願意想想：是什麼造成失衡的？換句話說，沒有任何證據，可以把這場漩渦指向倫敦郊區一個用本土煉鋼的方式寫了演算法的孤僻交易員；但是有一天，這個人就和這起事件綁在一起了。

Chapter 12

大發利市

. . . .

　　2010 年，某個小春日和的早晨，兩個西裝男，一個 60 幾歲，一個 30 出頭，來到倫敦歷史悠久的法院區，站在一棟優雅低調的磚房前面搓手取暖。他們已經預約了裡頭奢華的會議室，但他們的客戶照例又遲到了，讓人很厭煩。就在會議時間過了 1 個多小時後，有個人懶散地頭戴毛帽、身穿破舊的飛行皮夾克走了進來，夾克裡面好像是一件超人上衣，他的手上拿著一個麥當勞紙袋。「納凡德，真高興見到你！」年紀較長的保羅‧詹姆士（Paul James）微笑打招呼，沒人提起他遲到了多久。

　　詹姆士是雅德凡達（Advanta）會計事務所的合夥人，該事務所的辦公室設在英國海濱小鎮伊斯特本，專門尋找像納凡德‧薩勞這樣的期貨交易員。詹姆士還有一項副業，就是讓客戶獲得投資機會和減稅計畫的資訊，而他則透過佣金來增加會計師的薪水。薩勞的資產大幅增加後，就表示他想

要透過其他方式賺錢，於是詹姆士做了一些安排，讓他認識今天一起前來的邁爾斯·麥金儂（Miles MacKinnon）。他們三人一進到屋內，就被帶去排滿法律書籍的會議室，在裡面會見全國最頂尖的稅務律師安德魯·托恩希爾（Andrew Thornhill），以及另一位擅長海外金融並安排這場會議的參與者。會議重點是他們都關心的議題：如何經營納凡德·薩勞成長迅速的龐大財富？

　　托恩希爾從 1969 年開始，為貴族和商場權貴提供顧問服務，教他們如何建立資產配置的結構，在減稅的同時也不要得罪死對頭英國稅務海關總署。會帶著麥香魚前來邊開會邊吃的人沒幾個，但托恩希爾很快就喜歡上他的新客戶了。當薩勞說他的操盤策略「基本上就是進進出出」，托恩希爾便高聲說：「太厲害了！」納凡德·薩勞到底是怎麼賺錢的其實一點都不重要，重要的是這筆錢要怎麼安排。這位年輕的交易員願意聽聽托恩希爾的想法。2005 年，薩勞還在期易租電腦桌操盤的時候，就已經成立了一人公司：納凡德·薩勞期貨有限公司（NSFL）（他同事建議取名為查維茲有限公司，被他拒絕了）。當他的資產從 33 萬美元，一路成長到 2009 年超過 2000 萬美元時，詹姆士就把他介紹給蒙佩利亞（Montpelier）稅務顧問公司的業務主管約翰·杜朋（John Dupont），該公司擅長在法律邊緣節稅。薩勞決定讓他的公司透過許多手法，製造投資金融性衍生商品後賠錢的帳目，

以減少要課稅的收入金額。他對成果感到很滿意，因此願意
全面檢視他的財務狀況。

托恩希爾的文件封上綁著細細的粉紅色緞帶，他從裡面
拿出的提案，是要薩勞成立兩個所謂的員工福利信託，登記
在加勒比海上的尼維斯（Nevis）。第一個基金要持有薩勞這
家英國公司的股份，這個基金要能運作，就必須在表面上由
獨立的當地委託人來管理。第二個基金則設置在公司內部，
需要有 3,000 萬美元的累積利潤，這筆錢會馬上借貸給 NSFL
讓薩勞來運用。根據托恩希爾的說法，這個結構可以讓薩勞
在用錢時，不會觸犯任何稅務法條。在這個障眼法之下，薩
勞是兩筆信託唯一的受益人。為了讓這種員工福利機制更為
合理，NSFL 就必須至少有一名員工，所以杜朋的合作對象
麥金儂就會加入這家公司，安靜聽話，等架構設定好，他就
會辭職。

薩勞簽好文件之後就搭地鐵回家了。幾星期後，海外金
融專家說服他再建立另一個節稅機構，這次設在模里西斯。
這個稱作「納凡德・薩勞發財基金」的信託，會把他沒拿來
操盤的現金拿去投資。納凡德要先付 230 萬美元獲得這些專
業服務才會看到回報，其中 20% 就是麥金儂、杜朋、詹姆士
等人負責聯繫安排的酬庸。

有了這些負責打點稅務的顧問，薩勞就能夠專心操盤。
歐元區的危機繼續擾動全球市場，他調整了交易科技的演算

法，再加上速戰速決的短線操作，到了 2011 年，這套系統已經比過去更進步了。他表現最好的時候是 8 月 4 日，那天義大利和西班牙的新聞頭條都有濃濃的末日感，美國的失業率數字也出爐了，大家都懷疑美國公債會貶值，讓標普 500 指數跌了 4.8%，這是自從雷曼兄弟以來最大的跌幅。薩勞把 E-mini 的價格一路往下打，等到收盤的時候，他已經賺了 410 萬美元。

堆了這麼多錢，最大的問題就是要知道該怎麼處理。**理論上**，他喜歡跑車、昂貴的手錶，也喜歡去很潮的夜店；但是實際上，他最喜歡的還是累積財富的爽感。不管花的錢有多麼少，他都覺得這筆消費會吃掉他的操盤資本。所以當這些法律、金融專家問到他打算怎麼花這筆一直在膨脹的財富時，他的答案就像小孩子被問到長大以後要做什麼一樣：打造動物收容所、移民到加拿大學滑雪、捐錢給慈善組織、買下西班牙或南美的足球隊。對納凡德・薩勞來說，討論未來只會讓他無法專心在攫取更多金錢的當下，而他的新顧問則保證，對此他們可以幫得上忙。

· · ·

矮胖健壯、雙腿快如閃電、重心極低的邁爾斯・麥金儂注定要當個橄欖球員，他小時候就是在肯特郡的足球場上不

斷阻截鏟球、拚命得分，後來他加入了全國最優秀的哈樂根
橄欖球隊，但是在一次心肌梗塞後，他開始重新思考未來。
他讀過私立學校也進過私人俱樂部，所以他放棄了大學，在
安盛人壽開始擔任業務，後來再到蘇黎世金融服務，在那裡
遇見了比他大 5 歲的杜朋。約翰‧杜朋和藹、親切又讓人信
任，氣質很像保守黨的政治人物。麥金儂在那家公司只待不
到 1 個月，可是兩人一直都保持著聯繫。

　　接下來的那幾年，麥金儂靠著在一家為投資人尋找沉沒
寶藏的公司抽佣賺錢。要找到失落的古西班牙金幣很難，可
是客戶可以因此大幅減稅，因為有一條法令就是要鼓勵投資
冒險。另一方面，杜朋在 2005 年離開了蘇黎世金融，轉到蒙
佩利亞稅務顧問公司的倫敦辦公室擔任主管。忙亂的辦公室
靠近倫敦鬧區皮卡迪利圓環，他的團隊會打電話給交易員和
創業家，提議以創新的方式為對方節稅，而他們則會收取所
節金額的 20%。一位前員工說：「每個人都以為自己是電影
《大亨遊戲》裡的亞歷‧鮑德溫。」《大亨遊戲》在 1992 年
上映，描述業務員的割喉世界。

　　像蒙佩利亞這樣的避稅公司都在和政府玩貓捉老鼠的遊
戲。他們發現法條裡面有個潛在的漏洞，像是慈善捐款或股
息的運用，就會付錢請律師設計出節稅方案，不斷地利用這
個漏洞；直到關稅署抓到漏洞，他們才會停止。很多客戶都
知道最後他們還是可能得納稅，但又覺得如果這筆資金可以

多用幾年也很好。蒙佩利亞承諾，如果碰到這種狀況，公司
會支付法律費用，所以好景持續了很久。有個稅務顧問說：
「大家覺得稅務就是另一個要管理的成本，只要能消弭成本
又不犯法，那就過得去。」不過當金融海嘯來襲，政府原本
自由放任的態度就變嚴厲了。英國政府有關當局，在 2010 年
開始調查蒙佩利亞散播稅務詐欺的行爲。蒙佩利亞的辦公室
遭到突襲，高階主管在英國曼島遭到逮捕，雖然最後控訴都
撤銷了，不過這家公司還是被迫關門。2 萬名顧客被政府要
求還稅，金額總計達 2 億 5 千萬美元。

　　杜朋從來沒被冠上任何罪名，他在情況惡化之前就遠走
高飛了。2010 年 4 月，薩勞願意考慮新機會的時候，他就和
麥金儂成立了他們自己的公司「麥金儂—杜朋有限責任合夥
公司」（後來改名爲「麥杜資本合夥公司」）。這是一家「精
品私人資本企業」，目的是讓有錢人獲得高風險、高報酬的
投資機會，以換取介紹費，以及一部分的資本。他們在梅菲
爾郊區租了一間地下室，那個小鎮有許多避險基金、私人俱
樂部和要價千萬英鎊的豪宅，也有很多積極的初級律師和獨
立理財顧問。要找到詹姆士這種會計師或獨立理財顧問並不
難，他們很願意把客戶送來，因爲可以獲得豐厚的介紹費。
要說服精明的投資人下注在連鎖酒吧、科技新創公司或其他
投機的金礦生意——「期望在 5 年內投資報酬率達 300%」，
就沒那麼簡單了。他們身穿高級西裝，配戴名錶，在五星級

飯店的大廳向潛在客戶提案。下班後就到慈善活動或國際銀行家同業公會的活動去建立人脈。麥金儂的風格就是充滿能量、熱情不歇；杜朋則像是社交變色龍，會把專業知識帶入話題裡。他們手上大概有半打客戶，而納凡德·薩勞是其中最大尾的。

　　像麥金儂—杜朋這樣的公司來說，世界上鮮少有比薩勞更優質的客戶了。他不但持續獲利，又不想花賺到的錢。英國銀行的儲蓄利息只有 0.5%，這種回報實在是太微薄了，薩勞當然很願意考慮其他能大幅增加回報的方案。麥金儂提過沉船尋寶計畫，但薩勞卻嫌投資報酬率不夠高而果斷回絕，而且如果有投資案，他希望自己是唯一或最大的投資人。麥金儂和杜朋在擬其他方案的時候，逐漸增加自己在薩勞生活中的重要性，最後變得不可或缺。薩勞說他不滿意瑞士瑞信銀行，麥金儂就安排他和高盛見面。當高盛的頂尖尊榮理財顧問，在俯視聖保羅大教堂的辦公室裡作簡報時，納凡德·薩勞卻在台下用小茶匙一口一口地喝完整杯咖啡。

　　「用這種方法喝咖啡很奇特，有什麼用意嗎？」麥金儂在會後問薩勞，他卻說自己平常不喝咖啡。「或許下次不要點咖啡好了。」麥金儂說。

　　一如既往，薩勞才剛把他的公司搬到尼維斯沒幾個月，英國稅務海關總署就在 2011 年宣布要修改員工福利制度的法規，掃蕩所謂的「偽造薪資計畫」。新的法規通過之後，

薩勞有兩個選擇：把他從信託裡「借來」的 3,000 萬美元還回去，但這樣他就沒有可以操作的資本了；或者，他可以把欠繳的 1,000 萬美元稅金給吐出來。「納凡德・薩勞發財基金」原本是塊墊腳石，讓他再也不必付稅金，但這個計畫還沒起飛就結束了。納凡德・薩勞踢到了鐵板，麥金儂和杜朋便牽線讓他認識一名半退休的稅務專家布萊恩・哈維（Brian Harvey），他們覺得這專家應該能幫得上忙。哈維從事稅務稽核的工作很多年，後來轉換陣營，在南海岸的家中提供避稅建議。他在倫敦河岸街的飯店大廳裡聽薩勞和兩位顧問解釋過來龍去脈之後，建議把尼維斯的計畫打掉重練。幾星期後，2011 年 10 月，他來信說明節稅方案的完整細節。

　　哈維的計畫比托恩希爾的更複雜，但薩勞同意了。這個計畫的核心是「個人投資組合」——這也是為什麼很多人都會鄙視海外金融體系的原因。首先，哈維先委派一家友善的小型海外保險公司「亞特拉斯保險管理公司」，在加勒比海的安圭拉（Anguilla）成立一間新公司「國際保障企業」（International Guarantee Corporation, IGC）。接下來，亞特拉斯會成立一個債券，只投資並買下 IGC。最後，再將尼維斯信託中的 3,000 萬美元現金轉到這家公司。名目上，亞特拉斯是 IGC 經營者，會從自己的員工裡面指派成員，擔任 IGC 的董事、收發郵件、簽署文件。但這只是表象。IGC 唯一的「投資顧問」和受益人就是納凡德・薩勞，他可以全權

控制這家公司。如果他想要把錢拿出來或進行投資，他只要
提出要求就會辦好。並且，在所謂的保障安排下，薩勞的經
紀人接受 IGC 的資產作為擔保，讓他可以繼續操盤。哈維提
供這麼多服務，只收取 51 萬美元的酬勞，這筆服務費和他所
建立的「三位一體」避稅結構——薩勞可以管理他的基金、
有錢可以操盤、還能不被稅務機構稽查——相比，根本便宜
到不行。不過有個破綻連哈維都沒轍：納凡德·薩勞是英國
公民，如果有朝一日要把錢全部轉回來，就會碰到一條萬能
的稅法，到時候就非得納稅不可了。如果要避免這個處境，
薩勞就必須在其他地方有永久居留權。不過，等到了那一天
再來煩惱吧。

　　薩勞的避稅專案回到軌道上之後，麥金儂和杜朋提出了
新的投資計畫，可以讓他的財富，從當沖交易員一飛沖天到
避險基金管理人的程度。他們提出的計畫是：風力發電廠。
蘇格蘭將要上台的新政府，提議在 2020 年要讓國內的電力需
求百分之百由可再生的能源供應。為了要達到這個目標，政
府將會補助擁有風力發電機的人，為國家電網輸電。蘇格蘭
是全歐洲風力最強的地方，根據投資人計算，他們如果買下
無人居住的大片土地，填滿風力發電機，不但可以賺大錢，
還能為環境貢獻心力。當然，當地居民不一定會樂見田園風
光布滿 30 公尺高的機械風力發電機，爭議在所難免；但是
麥金儂和杜朋認識一個愛丁堡的工程造價師和土地開發商馬

丁・戴維（Martin Davie），可以幫得上忙。戴維的公司是
最早回應英國可再生能源專案的企業，他為人親切，態度殷
勤，曾經在協調會中讓蘇格蘭艾爾郡的居民流下眼淚。他還
和全英國最大的土地銀行談成獨家生意，讓他得到農夫與地
主的清單，這份名單很長，而這些人都願意讓風力發電機進
駐他們的土地。戴維提議和薩勞一起進行這椿生意，由薩勞
在前期提供 1,600 萬美元、在需要的時候追加 800 萬美元的
資金，他自己則負責日常運作、確認地點、進行量測、申請
許可等事項。土地準備好之後，他們就可以分批賣給機構投
資人。目標是要先開發出一套投資組合：10 個發電的場所，
產出 500 千瓩的電力。戴維估計，這個企業可以在 3 年內開
始獲利，並且根據目前風力能源的利率來估算，5 年後公司
市值會超過 4 億美元，投資報酬率相當高。

　　鼓勵了好幾個月之後，薩勞終於動心了，可是他想要確
定他的錢不會被亂花。麥金儂和杜朋建議成立第二家公司來
專門管理他的投資基金，由他們親自擔任董事，仔細監督所
有開支，薩勞也可以查帳。薩勞同意了。2012 年 4 月，IGC
的董事和戴維的環保專案公司主管，在稅制友善的曼島成立
了克蘭伍控股有限公司（Cranwood Holdings Limited）。差
不多在這前後，麥金儂、杜朋和戴維在英國成立了蘇格蘭風
力有限法律責任合夥（Wind Energy Scotland LLP），負責管
理事宜。薩勞付給麥金儂和杜朋 80 萬美元的介紹費，並承諾

等種子基金回收之後，就會分潤給他們。這群人到倫敦的酒吧去慶祝，豪飲昂貴的蘇格蘭威士忌，薩勞還在酒裡加可樂稀釋。商業巨賈納凡德・薩勞於焉誕生。

Chapter 13
塵埃落定

• • • •

　　當納凡德‧薩勞在仔細盤算要怎麼處理他日益增加的錢財時，美國針對高頻交易的辯論則愈來愈激烈。哥倫比亞廣播公司的電視節目《六十分鐘》有一集還說「數學巫師」祕密控制了市場，有一天還發生了另一場「迷你閃電崩盤」，卻罕見地沒有報導，那天思科和《華盛頓郵報》的股票也出現了無法解釋的奇怪走勢。期管會和證管會聯合報告後過了兩個月，參議院銀行委員會在 2010 年 12 月 8 日，舉行了「股市閃電崩盤：起因與解決之道」聽證會。民主黨議員卡爾‧列文（Carl Levin）劈頭就說：「美國資本市場向來是全世界羨慕的對象，但今日卻分崩離析。系統缺陷和惡劣的交易行為都會傷害美國的資本市場，而這些都是監管的盲點。我們就是依賴資本市場來驅動美國的經濟，投資美國的未來，但這個市場卻容易受到市場失能影響，削弱投資人的信心。」

　　在列文面前如坐針氈的，包括證管會主席夏皮洛和期

管會主席根斯勒。監管機關已經採取了具體的行動，以回應群眾與日漸增的憂慮。證管會推出了熔斷機制（circuit breakers），這有點像是芝商所防止價格過度波動的機制，如果價格忽然上升或下降得太猛烈，就會自動暫停交易；而「唬嚨報價」造成股票以低於 1 美分的價格易手，所以也被立法禁止了。在期貨的部分，期管會則訂定了新規定：除非所有的人都有同樣的機會，否則芝商所和任何交易所，都不准讓客戶以付費換得連結伺服器的時間差。不過，很多人覺得政府當局只是在**鐵達尼號**的甲板上調換座位而已。就像列文所說，最嚴重的問題還是存在：「今日的交易員配備了最新、最快的科技。我們的監管人員騎的是輕型機車，交易員開的卻是跑車。時速只有 20 英里的監管人員，是要怎麼追上時速 100 英里的交易員？」

閃電崩盤已經讓大家看出，監管人員真的沒辦法即時監控市場上發生的事。就算過了 7 個月，證管會還是沒有所需的數據，來理解股票市場在那半小時內每個成員的動態。如果裁判不能觀賽，又要怎麼執法？為了修補這一點，夏皮洛提出了「合併數據軌跡」（Consolidated Audit Trail）專案，要建立龐大的數據庫，讓監管人員可以追蹤市場上的買單和賣單，並知道是由哪些經紀人在負責。打造這個資料庫至少要花 4 年時間，造價約為 40 億美元。同時，金融警察仍然會繼續依賴私人交易所提供的警示來追查問題。

金融市場不斷演化，政府的能力愈來愈追不上。從根本上來看，這就是資源的問題。證管會在 2010 年才獲得 10 億多美元的預算，期管會的預算更是不到 2 億美元；而僅僅前一年，美國城堡投資集團的創辦人肯‧格里芬，**自己**口袋裡就賺進 9 億美元。這些政府機構年復一年地乞求能有更多預算以雇用專家，並進行系統升級，卻每年都被駁回。雙方技術的差距也很驚人。期管會由律師統治，擁有最新電腦技能和市場經驗的調查員與經濟學家供不應求，箇中原因不難理解；但就算是最關心社會議題的年輕工程師，也很難放棄華爾街或芝加哥開出來的數十萬年薪，去接受公務機關每年只有 7 萬美元的薪水，又得經常熬夜加班，辦公室的咖啡還很難喝。「資源就是個嚴重的問題，」夏皮洛講得很客氣，「我們很想要導入最新的技術，讓資深同事熟悉演算法交易……更認識操盤的環境和避險基金……盡量幫我們獲得足夠的能力以處理我們被託付的工作。」

聽證會進行了大約 1 小時以後，從羅德島基層公務員做起的參議員傑克‧里德（Jack Reed）把話題從實務面轉向了哲學面：「大部分擁有少數股票的人都認為，股票的價值和流動性代表了他們的經濟價值，就像債務憑證和金融衍生性商品一樣。我們現在面對的問題是，演算法和高頻交易員不斷增加，有些演算法根本沒有考慮到這些金融商品的基礎意義、經濟價值、股息和股票所牽涉到的許多層面。他們只是

覺得：『如果這個股票賣得夠多了，我們就開始賣；如果我們開始賣，其他演算法就會跟進。』到了這時候，我們已經脫離了基礎的經濟價值，這不但讓人很擔憂，而且這對經濟真的好嗎？或許這問題很天眞，但我就是要問。」

「這問題一點也不天眞，」夏皮洛回覆說，「這就是我們在對抗的基本問題。」

閃電崩盤不但暴露出監管人員的限制，也讓廣大民眾忽然警覺到，居然沒有人發現整個金融市場的結構已經在他們腳下發生了變化。那令人焦慮的幾分鐘，儘管讓人覺得整個系統就要垮了，可是大家也因此有了覺悟。爲全體美國國民發聲的參議員想知道，既然這個金融體系決定了我們的公司值多少錢、我們的儲蓄有多少價值、我們所消耗的食物和資源要多少錢，那如果系統全面自動化會有什麼後果；證券在 1 分鐘之內易手數千次到底對誰有利；典範轉移之後誰贏誰輸；如果這項科技被濫用，又會發生什麼事。

根斯勒和夏皮洛離席之後，參議員問高頻交易公司的老闆馬諾吉‧納浪（Manoj Narang），高頻交易對市場有什麼風險，納浪清楚地表示：「要撼動市場就需要資金……基本上，外面所有的高頻交易公司能控制的資金都很少……所以根本不可能。」交易所的態度愈來愈分裂，有的認爲高頻交易會在大學、電台、交誼廳、新聞專欄開枝散葉，有的則不這麼想。擁護者認爲，高頻交易能提升市場效率、減少買賣

價差，並增加流動性，讓市場參與者可以快速又簡單地在穩定、透明的價格上交易，反對高頻交易的人只會站在風口懷舊。反對者則認為，高頻交易就是吸血蟲，只喊價不出價，造成市場不穩定。到了 2011 年，這場辯論就不再只限於理論了，各國政府首度認真考慮取締高頻交易。這不只涉及穩定性，還有公平性的問題。讓少數無法可管的公司每年從市場中搜刮數百億美元真的適合嗎？政府如果可以介入，又應該在什麼時間點干預？《陶德—法蘭克華爾街改革與消費者保護法案》還在逐步推動，這些政府機關不確定要不要加上新的規範。期管會公開徵詢意見，邀請了 20 多位交易員、經紀人、交易所高階主管和大學教授前來，探討是否需要增設規範。證管會則從內部評估股票市場，邀請各界提供意見。德國、義大利和英國也有類似的做法。高頻交易在暗處多年，如今終於被攤在陽光下檢視。

各方提出來的改革方案都非常不同，其中最有爭議的，就是根據交易規模抽稅的交易稅或稱「杜賓稅」（Tobin Tax），這樣一來，高頻交易公司要下這麼多單再取消這麼多單，就沒有經濟效益了；如果他們真要這麼做，那至少可以幫政府多增加一點稅收。另一種辦法則是導入「緩速丘」（speed bumps）來降低速度，以削弱高頻交易公司的優勢。也有人提議，要求高頻交易公司註冊他們的策略程式碼，如果取消太多單就會被罰鍰，並且強迫造市商在不管情勢有多

動盪的時候都要報價。「基本上，我們把這件事情當作是公共安全議題來看待。」期管會的前任員工回述說，「汽車要遵守安全規則和速限，金融市場不是也應該要有類似的措施嗎？」

　　在多數情況下，高頻交易公司和他們所在的交易所都認為這些改革不能保證有效，也無法靠他們自發性地達成。15家最大的高頻交易公司還組成了遊說團體，出資委派大學教授撰寫報告來頌揚高頻交易的優點，在演講中抨擊媒體過於歇斯底里，並捐款支持他們的政治盟友，包括芝加哥市長拉姆‧伊曼紐爾（Rahm Emanuel）──他後來還拜訪期管會，遊說他們放下新規定的想法。此外，他們還派之前在期管會任職的經濟學家出面，甚至在 2010 年 11 月邀請期管會主席根斯勒吃牛排，以比較不正式的方式公開表達他們的意見。這一次，前高盛公司的合夥人根斯勒，難得不是餐桌上最有錢的人。

　　高頻交易遊說團體資金充裕，做事有計畫、有手段，他們的對手陣營相較之下就顯得良莠不齊了。在期管會內部五位政治任命的事務官之中，民主黨的巴特‧奇爾頓（Bart Chilton）施壓要通過更嚴格的規定，並且在商業電視台公開說高頻交易公司就像「獵豹」。他穿著牛仔靴，頂著金色鬈髮，看起來就像個年邁的太空超人。他為少數派發聲，在脫口秀中激烈地為這個主題進行辯論。當天的來賓還包括兩

位來自紐澤西、有話直說的義大利裔美國經紀人喬瑟夫‧薩魯齊（Joseph Saluzzi）和沙爾‧阿弩克（Sal Arnuk），他們覺得要辯論監管的優點實在讓人難堪，因爲他們認爲，整個系統明明就在和他們的客戶——退休基金和儲蓄基金——作對。他們在 2012 年出版的《失靈的市場》（*Broken Markets*），非常有影響力，他們也是最早提出高頻交易在股票市場裡有哪些與生俱來的邪惡本質的人。

　　一位神祕的評論員以德文的「螢火蟲」爲筆名，針對現代的市場結構發表了旁徵博引又苛刻嚴厲的評論，不但引起產業的注意，也被商業媒體轉載。和 300 多年前的丹尼爾‧笛福一樣，他描繪的金融體制也只對少數人有利。「無庸置疑，不是所有人都能從高頻交易公司的優勢中得利。」他在寫給證管會的公開信裡面提到，「並不是這樣。只有擁有大量資本與不受監管的人才能花錢獲得那些優勢……容易腐敗卻受到監管的業者，已經被不會承擔責任也不受法律管理的企業給取代了。社會大眾對這些公司感到憤怒乃情有所原。我們不能低估這股怒意。」

　　最明顯表態的人，或許是交易數據分析公司 Nanex 的創辦人艾瑞克‧韓謝德（Eric Hunsader）。這家公司位於伊利諾州的小鎮溫內特卡，辦公室樓下就是理髮廳，他們會分析並重新整理海量的交易數據。韓謝德痛恨高頻交易，在推特上以圖表和影片，揭露他觀察到的幌騙與其他劣行。閃電崩

盤發生後幾個星期，韓謝德和他的同事在整理數據時發現，有些交易所在短時間之內被大量買單和賣單轟炸，有時候每秒多達 5,000 筆。這對價格沒有太大的影響，可是顯然拖慢了交易所的速度。Nanex 認為，有些無恥的玩家是用假信號癱瘓系統，混淆對手，從中得到好處。如果用圖表繪出這個現象，會呈現奇怪的線條，Nanex 稱為「水晶三角」或「高腳杯」。讓人納悶的是，5 月 6 日在 E-mini 跌價前，這種情形就發生過一次了。Nanex 稱這樣的行為是「報價阻撓」，並認為沒有人注意到這就是崩盤的主因。

2010 年 7 月，韓謝德受邀到華盛頓簡報他的發現，在場全都是期管會和證管會的人，他們很有禮貌地聽講、提問。不過當報告出爐的時候，卻完全沒提到「報價阻撓」。韓謝德很清楚為什麼會這樣，因為他們想粉飾太平。他說服沃德爾—里德金融把交易紀錄傳給他，並且自行發表了不同版本的閃電崩盤報告，證明這家位在堪薩斯市的基金管理公司是清白的，他們只是替高頻交易產業背了黑鍋。「為什麼證管會要否認**報價阻撓**的存在，並認為我們的分析『充斥著陰謀論』？」他在部落格文章裡提出質疑。或許「監管人員不想要承認，他們打造的遊樂場已經被別人占領了」，而且這還「是他們自己造成的」？

爭論一直持續到 2012 年，而且因為兩起事件的發生，讓演算法交易的議題一直沒有冷卻下來。其一是當年 5 月，

Facebook 期待已久的掛牌上市，被技術性的問題給耽誤了；
其二是 8 月，金融投資公司騎士（Knight）資本集團的軟體
升級出了差錯，導致這家當時全美最大的中介商誤觸指令，
買賣了 150 家公司的股票。等到騎士資本集團著手處理時，
已經損失了 4 億 6 千萬美元，該集團在這之後就被廉價出售
了。閃電崩盤的時間過得愈久，熱度就愈消散。這時高頻
交易的規模更大，並轉移到新市場，但之後都沒有再發生過
2010 年 5 月 6 日那樣的災情，也沒有牽連許多市場造成「崩
盤海嘯」，末世論者的預言沒有成眞。「從很多方面都可以
質疑高頻交易，」一位高層政府官員回述時說，「每個說演
算法不好的人，旁邊一定會有人說：『不會啦，演算法很好
啊。』很難取得實證的數據。我們必須要有說服力，證明我
們不但清楚這個現象，而且加以監管才是良好的回應方式；
但是不能因爲有很多人抱怨，就去監管某件事。」

　　不管是哪種改革方式，高頻交易的遊說團體都有理由
提出反駁：交易稅太繁重了，而且會傷害美國經濟；緩速丘
從技術觀點來看，太不切實際了；強迫造市商在市場劇烈變
動的時候堅持價格，會造成企業倒閉；要求高頻交易公司把
獨家程式提交給監管機構，會帶來不合理的安全威脅。儘管
如此，市場上還是有些變化。芝商所和其他交易所已經會開
始追蹤客戶取消買單和賣單的比例，開始祭出高額罰金，但
是要徹底改造市場的時機已經過了。政府的注意力轉移到網

路安全的新興威脅，這些機構又回頭去替《陶德—法蘭克華
爾街改革與消費者保護法案》收尾，各種為了檢視高頻交易
的委員會默默解散了。一位年長的委員會成員回憶道：「真
的很奇怪，沒有人說這件事情已經結束，但我們就是不開會
了。」

　　期管會 4 樓可能還有一點希望的微光。在發表了閃電崩
盤的報告之後，基里連科晉升為首席經濟學家，儘管預算很
有限，但他仍專心延攬頂尖大學的學生。到了 2012 年，約有
40 名支薪或不支薪的研究員投入研究金融景象的變化。「以
前用建立模型來了解金融市場的方式已經行不通了，那沒辦
法記錄高速又大量的新市場。」維吉尼亞大學博士史提夫‧
楊（Steve Yang）是研究員之一，「基里連科很有企圖心，
他要建立一個理解市場的研究組織。」

　　基里連科以身為理性、冷靜的科學家為傲，不過產業界
那種「這裡沒什麼好看的」態度，讓他很無法接受。社會大
眾和媒體或許無法掌握市場微結構的細節，但他肯定可以；
他的研究工作已經讓他看清，那些最大的高頻交易公司並不
是在無私地為市場創造流動性，那只是一個很好用的假象和
藉口。2012 年年底，年輕的哈佛大學博士亞當‧克拉克—喬
瑟夫（Adam Clark-Joseph）花了不少時間在期管會發表了〈試
探型交易〉。這份報告說，高頻交易公司經常會在市場中投
入會賠錢的小單，就像聲納一樣去收集「私人」情報，了解

市場情勢，確定有獲利的機會後，才下金額比較高的大單。
11 月，基里連科和兩位同事也共同發表了〈高頻交易員的操
盤利潤〉一文。當有這類的文章發表，這群學者就把簾幕又
掀開了一點。

　　基里連科等人運用 E-mini 交易的微觀數據，證實有高
頻交易公司的先鋒部隊已經找到了方式，在不必承擔重大風
險的情況下，穩定獲取暴利。這幾位教授都沒有指名道姓，
只表示這些厲害的公司已經證實了可以抵擋競爭，大部分的
營收都來自零售或機構投資人——也就是退休基金與共同基
金，以及當沖交易員手中；他們宣稱能夠讓環境變得更好。
《紐約時報》在2012年12月3日刊登了一篇文章，標題是〈研
究認為，高速交易員為了謀利，犧牲了一般投資人〉，還搭
配基里連科表情嚴肅的照片。《華爾街日報》則發表了自己
的看法，他們引述基里連科的問題：「速度與科技複雜度的
軍備競賽」有沒有社會價值？但是政府職員這麼做是在煽動
輿論。隔週，芝商所的代理律師世達律師事務所就發了一封
信，指控期管會違反資料保密的法規，把交易所顧客的「營
業機密」暴露於風險之中。期管會作為監管機構當然有進行
研究的許可，他們甚至還是被委託進行研究的，但是芝商所
聲稱基里連科招攬會外的學者，讓他們獲得機密資料，並使
用於會外的研究報告中，這種行為就於法不容了。

　　在高頻交易遊說團體的壓力下，根斯勒禁止會外人員連

上伺服器。兩個月後，21 位臨時約聘來進行研究的經濟學家
都被解雇了。接下來 1 年多，期管會沒有針對高頻交易或相
關議題進行任何研究。馬里蘭大學的亞伯特・凱爾教授說：
「像這樣的基礎研究，可以讓大眾理解市場進行的方式，但
是卻被明目張膽地打壓了。」這項肅清異己的活動沒有牽連
到基里連科，因爲他在《紐約時報》上刊登文章的前幾天就
已經離開期管會，去當麻省理工學院的教授了。這項人事異
動原本就安排了很久。之後，當期管會被質詢到要如何維護
資料的完整時，他們結論說雖然首席經濟學家辦公室有引進
外部的研究員，而且維護數據安全的方式也很陽春，但他們
從來沒有違反保密規定。基里連科底下的研究員向來都會很
謹慎地確保，從他們的研究內容中無法辨識或推敲出任何公
司或任何策略。不過到最後，這些都不重要了。高頻交易遊
說團體尖銳的施壓，就足以把簾幕又重新拉上了。

Chapter 14

思想犯罪

．．．．

　　美國的期管會確實推出了一項顯著的改變，來管理與監督期貨市場：禁止幌騙的行為。這讓高頻交易圈很高興，而薩勞就被委員會盯上了。美國政府長期以來想要杜絕幌騙的劣行，成效卻慘不忍賭，這時終於要劃清界線了。

　　天煞孤星（King Jack Sturges）、庫伯先生（Mr. Cooper）、豪賭小子、杭特兄弟（The Hunt Brothers）、瘋狂哈波（Crazy Harper），期貨市場的編年史上有許多響噹噹的金融大盜，他們之所以能發財致富、登上頭條，就是因為他們在哄抬價格的時候，整個機構都束手無策。19 世紀末，他們炒作黃金；1920 年代，炒作穀物；1950 和 1960 年代，則換成洋蔥、咖啡和大豆。投資標的會改變，但手法都一樣：有個口袋很深的交易員默默地囤貨，逼價格上漲，再找個厚臉皮的人來賣空，散播負面謠言，逼價格向下跌；信以為真的競爭對手就把價格往死裡打。在震驚社會的「糧食大劫案」（Great

Grain Robbery）發生以後，美國總統福特便在 1974 年設立了功能接近證管會的期管會，作為期貨警察。但就在幾年之後，德州三兄弟壟斷了銀市，把價格哄抬了 713%，就證明了其實政府沒什麼長進。

這一部分是因為文化的問題。和股票市場不同，期貨市場內幾乎都是專業人士，普遍的態度是「買者自慎」。在這個排他的世界裡，規範似乎很不合宜，交易所也只是表面上盡量要求大家守規矩而已。偶爾，在油價暴漲或麥價暴跌之後，要期管會干預市場的政治壓力就會變得特別大，於是他們會宣布調查，不過往往查到的都是些小魚。打從期管會成立以來，這個委員會就資源不足、畏畏縮縮，而且還被法律綁手綁腳。

美國國會在 1936 年通過《商品交易法》，立法禁止操縱市場，但是卻不願意定義何謂「操縱市場」。這項任務被交給法院，結果得到了非常不同，有時又互相矛盾的詮釋。價格要波動多少並持續多久才算是操縱？需要證明市場參與者有意影響價格嗎？還是輕率魯莽的行為就算？惡劣的投資行為和依照供需狀況來進行合法交易的差異是什麼？在 1982 年印第安那農管局的判例中，有一套四階段理論，為此立下了指標性的先例。在該判例中，法院認為，要證明有操縱市場的行為，檢察官就必須要證明：有人可以影響價格；他們**特別**刻意要調整價格；刻意設定的價格出現了；被告造成了價

格調動。檢調人員根本不可能達到這個門檻，所以在接下來
40 年內，期管會在法庭上只贏過一場操縱市場案。要證明價
格受到人為操控並判斷其原因，困難重重，而且很難精確，
尤其涉及價格回推和統計分析，也很難解釋到讓評審團都能
聽懂，還很容易被反駁。以罪刑比較輕的「企圖操縱市場」
罪來起訴比較容易成功，只要符合四階段理論的前兩個階段
就可以了；不過即便如此，只要提到「意圖」，交易員通常
都能找到聽起來比較合理的解釋，來說明他們的行為。

　　所以，大部分的案子不是早早就以適度的罰鍰和解，就
是在上法庭之前發現根本無法成案。有一次，期管會在一樁
備受矚目的起訴中失敗，一群參議員就寫信給他們，說這個
機構「很丟臉」。法律學者傑瑞・馬克漢（Jerry Markham）
表示：「期管會唯一的目標就是要杜絕操縱，結果一點用都
沒有。」操縱商品價格根本就是「無法起訴的罪行」。

　　當根斯勒在 2009 年，通過耗時甚久又備受爭議的提名過
程，當上期管會新任主席時，他建議將法規中關於操縱市場
的漏洞補起來，讓期管會的制度更接近證管會。執法部門成
員提議定義「擾亂市場的交易行為」，詳述他們認為影響市
場公平運作的交易方式，包括俗稱的「操縱收盤價」（banging
the close），也就是在接近期貨合約交割日期時，故意擾亂
市場的訂單秩序；幌騙則被定義為「出價但無意成交，便在
執行前取消」。這些行為入罪後，期管會希望提供檢察官另

一條在法庭中獲勝的路徑，並低調地於 2009 年 12 月，在《陶德—法蘭克華爾街改革與消費者保護法案》草案第 684 頁上加了一項修正案；現行《商品交易法》中與操縱市場相關的法規也都經過修改，讓政府更容易勝訴。

剛開始，產業界沒有多少人注意到這些變化，可是過了 1 年左右，在期管會於華盛頓召開的圓桌討論上，很多與會機構包括交易所都提出了反對意見。他們認為，期貨市場裡沒有幌騙的現象，而且期管會的定義太模糊了；且如果要全面規範所有人必須連不想成交的單都要執行，那有可能會影響到如熔斷機制等合法的管理措施。

本來監管機關和市場參與者的互動就是會拉鋸的，不管新法令有多麼合情合理，業界人士總是要抗議一下，但是高頻交易圈這次卻非常支持禁止幌騙的做法。代表哈德遜河交易公司的亞當‧紐恩斯（Adam Nunes）說，這項提案「會讓市場流動性和效率更高」，並且「大家能合法交易，沒有被操弄的風險」；還說這「對終端用戶很好，而且你知道的，對圓桌上的那些企業也很好」。紐恩斯的回應很合理，畢竟電子時代的幌騙就是針對像他們這種，會從交易委託簿中獲得資訊、預測市場走向、提早交易的高頻交易公司。這系統要能有效，那麼機器掃描出來的訊號，就要能正確代表對手的意圖；如果交易員下賣單只是在階梯上擺擺樣子，或是像薩勞這樣在現價一定距離外以高額下單，那機器的預測就失

準了。高頻交易公司認為：在公平開放的市場裡，參與者都有權利相信他們看到的訂單都是真的。只是不見得每個人都同意這種說法。

「監管人員思考的方式和交易員思考的方式，打從根本就天差地遠。」馬里蘭大學的亞伯特・凱爾教授說，「交易員把操盤當遊戲，他們很多都有賭牌、下棋、電玩等博奕的背景。你採取行動，我就會虛張聲勢，盡力讓我的策略得以執行。監管人員忽然間討論起操盤，就好像一群紳士想要準確地交流彼此真正的意圖一樣。」

馬克漢與凱爾一樣，進入學界前都曾任職於期管會，他相信欺騙和操縱市場不一樣。欺騙是打從有市場開始就存在的行為，而操縱則是刻意推動價格。「這不是個道德議題，」馬克漢在他反對對幌騙進行規範的法律文件中寫道：「交易就是競爭……隱匿真正的交易策略是競爭中不可或缺的一部分……在美式足球裡，每一球都要隱匿真正的策略才有機會成功。」所以當採取「自由女神」進攻戰術時，四分衛做的就是欺敵的手法。「打排球的時候，舉球員就是要欺騙對手以打出致勝球；棒球投手會欺騙打者；曲棍球員也會用假動作騙出守門員；這類例子多不勝數。金融市場裡的交易也是同樣的競爭方式。」

不但如此，馬克漢說，處在演算法可以在毫秒內就對新資訊做出回應的世界裡，要判斷一筆委託單是否在操縱市場

或「欠缺善意」，是非常困難的。期管會曾經短暫考慮過的
選項，是要在這過程中移除主觀認知，單純限制市場參與者
可以取消多少百分比的委託單，任何超過限制的人都會被罰
款，或接受更嚴重的處罰；另一個想法則是強制要求所有訂
單都必須在交易委託簿裡面停留，譬如說至少 3 秒，才能撤
銷。不過，這些方法最終都只是頭痛醫頭、腳痛醫腳罷了，
所以最後都沒有用，取而代之的是以在法律上所謂的「明知
故犯」（scienter）為標準，也就是交易員在下單的時候有著
什麼念頭。然而，這個方式備受爭議。「在這之前，沒有法
律說你不能在交易的時候想著某些事情，」高博—金（Kobre
& Kim）律師事務所創辦人，同時也是白領辯護律師與前司
法部檢察官，後來替薩勞和其他被控幌騙者辯護的麥克・金
（Michael Kim）表示，「沒有人規定你必須要把委託單放多
久才完全合法。這完全是以心態來判斷，這整件事情已經變
成詭異的思想犯罪了。」

　　《陶德—法蘭克華爾街改革與消費者保護法案》在 2010
年 7 月簽署生效，但是針對「擾亂市場的交易行為」的修正
案卻經過一連串的調整，直到 3 年後期管會才發表了一份包
括「詮釋指南」的文件，其中說明了哪些事可以做、哪些事
被禁止。根據這份指南，幌騙包括刻意提交並取消委託單，
製造「市場深度的假象」或「人為影響價格波動」。要辨別
該活動是可接受還是不可接受的，期管會則說要考量「市場

脈絡、當事人的交易模式……其他相關事實和情況。」就像
評論家所說的，幌騙和色情片一樣，當你看到的時候就能認
出來了。

　　很多人，尤其是當沖交易員，都以為金融市場裡大部分
幌騙的招數都是高頻交易公司幹的。確實，有些高頻交易公
司的員工和企業，這些年來都因為幌騙的行為而遭到制裁；
但站在產業前線的高頻交易公司其實很瞧不起幌騙，對他們
來說，幌騙會影響他們賺錢，有了禁止擾動市場行為的規範
之後，像美國城堡投資集團和 HTG 資本合夥公司這樣的公
司，就可以和監管機構緊密合作，來找出並起訴那些無法預
期其交易方式且干擾自己賺錢機器的人。在不少案件裡，這
些高頻交易公司還是政府的證人。「想像一下，這個系統裡
最大、最強的成員，看到誰賺走他們的錢，就可以叫監管人
員和交易所去調查誰。」有個自營交易員說，「歡迎來到期
貨市場。」

Chapter 15

改造演算法

••••

　　2011 年 10 月，納凡德 · 薩勞的生計遭受威脅，這件事
比交易的新規範還要緊迫。讓他可以進入市場，並得以高槓
桿操盤的經紀商全球曼氏金融，宣告破產。全球最大、最久
的經紀商都已經苦撐了好一陣子，但其中幾家發現事態已經
嚴重到無力回天了，於是當全球曼氏金融在萬聖節當天根據
《破產法》第十一章申請保護的時候，包括納凡德 · 薩勞在
內的數萬名交易員都無法動用資金，狂亂地四處找尋新家。

　　經紀商賺錢的方法主要有兩條：向客戶的逐筆交易收取
服務費，以及投資顧客戶頭裡的多餘基金以賺取報酬。金融
危機爆發之後，交易量大減，中央銀行又降息，導致這兩種
收入來源都見底了。2010 年 3 月，連續虧損 3 年後，全球曼
氏金融的董事會指派新執行長上任以扭轉頹勢。他們屬意的
人選是善意的華爾街傳奇人物強 · 寇辛（Jon Corzine）。寇
辛曾在 1990 年代擔任過高盛集團的執行長，將大疊股票變現

後，他就進入政壇，先擔任參議員，後來又成為紐澤西州的州長。《紐約時報》說，這「就像是紐約洋基隊的經理要重整小聯盟」。

　　寇辛時年 64 歲，依然精神抖擻。他的職涯是從債券交易員做起，因此他相信要在短期內解決全球曼氏金融問題的答案，就在交易廳裡。當時歐元區的危機尚未結束，義大利、西班牙和葡萄牙等國發行的債券以低於面額的價格交易，讓這些國家更可能拖欠債款。寇辛相信有關當局不會讓這種事情發生，所以默默地買入價值 70 億美元的危難證券為擔保品，以進行所謂的「附買回協議」（repo）交易，如此可以平衡公司的帳目，也能直接宣布公司的預期利潤。寇辛就是靠著這種異想天開的大膽招數，從伊利諾州的家庭農場躍進全球菁英的神祕俱樂部，只是這一次，曾任高中四分衛的他嚴重誤判了這個反敗為勝的機會。危機加深，政府公債的價值下滑，附買回協議交易的對手開始要求追繳保證金，迫使全球曼氏金融交出更多現金來應付潛在的損失。2011 年 10 月，信用平等機構把全球曼氏金融降為「垃圾」級，引發銀行縮手，顧客紛紛打電話來要求提款，貸方也調整了信用額度。在最後狂亂的幾小時內，一名中階主管犯下大忌，把手伸進了獨立的客戶基金要填補差距，結果這筆錢還不夠拯救公司。在全球曼氏金融倒閉後幾天發現，屬於 2 萬 6 千名零售交易員、農夫、中小企業的 16 億美元憑空消失了。

　　當寇辛正因被問到他在這樁醜聞裡涉入有多深而感到窘迫時，納凡德・薩勞則在猶豫自己以後是否不再需要經紀商了。在財務方面，因為把資金移到了海外，薩勞的損失還在可承受範圍內。他在全球曼氏金融的保證金帳戶裡只放了一點錢，大部分都拿得回來，但是找新的經紀商則讓人比較煩惱。GNI Touch 是全球曼氏金融的分支，一路看著薩勞發展至今，他們能接受他的操盤風格和規模。為了賺取穩定的服務費，這家公司的經紀人給薩勞最好的條件，而且盡量不煩他，就連他的交易方式惹人注意的時候也一樣。要找到另一家這麼大方又好配合的經紀商確實不容易。

　　第一個問題出在薩勞自己身上。不管怎麼看，他的紀錄都很耀眼，但很少有結算機構願意在還沒有見過面之前，就支持用數百萬英鎊在操盤的人，更何況這個古怪的交易員給人的印象往往不太好。薩勞曾經打電話要求經紀商在營業時間後和他見面，這樣才不會有人看到他，結果他出現時穿著運動褲，還把自己的對帳單放在破舊的超市塑膠袋裡。和他面談的主管說：「他在我們辦公室待了大概 1 個小時，他不會看著你的眼睛說話，你得自己從他身上挖出訊息。我對他根本毫無興趣。」不過，當沖交易員中本來就有很多怪咖，畢竟有客戶就有錢賺，所以那家公司還是擬了一份條件沒有很誘人、槓桿也比薩勞要的小很多的合約。那位主管說：「我們討論了一番，認為他或許能繼續賺錢，但如果他搞砸了，

被市場反撲，他會把我們都拖垮。」結果薩勞拒絕後就離開了。「他想要被崇拜，」那家公司的老闆說，「老實說，他的條件對我們來說根本沒有利潤，他不只想要特大的風險，還想要我們誇獎他，而我們不打算這麼做。」

薩勞的部位過於龐大是另一個問題。他後來對朋友說：「我想和羅森塔爾柯林斯集團（RCG）談經紀約。」RCG 是美國最大的清算機構。「他們問我：『你賺多少錢？』我回說：『狀況好的時候，一天 90 萬英鎊。』他們說：『這太瘋狂了。』」等到下個星期，薩勞把他的對帳單寄過去，結果對方仍然拒絕了，他們說在自己臥室裡不可能賺那麼多錢。「他們覺得這是龐氏騙局。」薩勞回憶道，「他們覺得我就是伯納‧馬多夫！」當騎士資本集團表示願意擔任他的經紀商時，他原本以為這件事可以就此塵埃落定，沒想到該集團損失了 4.6 億美元，他又失去了經紀商。

沒辦法交易，又沒什麼其他的興趣，納凡德‧薩勞就回去搞他的操盤機器。交易科技的哈吉在 2009 年協助他創造出分層出價演算法，且如他所設計地運作良好，把許多賣單發射到市場裡，逼價格下跌，但是又能和現行價格維持距離所以不會成交。但這工具已經鈍了，他的對手──特別是大型高頻交易公司和許多天賦異稟的短線投機客──每天都在進步，愈來愈厲害。為了誘騙最新的演算法，他必須要在更靠近交易價格的範圍內進行幌騙，但這樣做風險很高。他知道

自己必須進化。2011 年 10 月的某個星期一傍晚，他留了一封語音訊息給交易科技內專精系統改造的軟體開發人員。

. . .

　　基特胥‧沙卡（Jitesh Thakkar）和薩勞聯繫上的那段日子，他很認真地在看《有錢人想的和你不一樣》，該書作者哈福‧艾克是個很有生意頭腦的體育健身房老闆，後來成了激勵人心的講者。沙卡擁有自己的公司，也很愛看勵志成長型的書籍。「有錢人相信『我能創造人生』，窮人相信『我必須接受人生』。」沙卡在看完了這本暢銷書之後列出了 15 個重點，發表在社群媒體上。「有錢人想大格局，窮人見識狹小。」沙卡已經啃完了朗達‧拜恩的吸引力法則入門書《祕密》。他每天從內珀維爾郊區到市區的辦公室上班，通勤過程就不斷對自己說：「要求、相信、接受。」

　　基特胥 13 歲時，一家人從印度移民到芝加哥，幾個月後他在學校的電腦教室看到蘋果公司出的電腦 Apple IIe，就確定自己的人生道路了。米白色的蘋果電腦方方正正，有個綠色和黑色的螢幕，讓使用者可以寫程式、玩很陽春的遊戲。沙卡完全痴迷其中，自己學著寫程式。他在伊利諾大學主修電腦工程，空閒時則在寢室設計西洋棋和益智遊戲。沙卡的第一份工作是在瑞銀投信，開發為選擇權定價的應用程式。

2001 年，他到造市商史塔福交易公司謀職，打造出能縮短客戶從下單到執行時間的系統，這項功能整個產業都搶著要。兩年後，他到交易科技管理一整個部門。工作之餘，他和太太都追隨印度靈修大師，修行生活的藝術。這對夫妻會開設靜心課程，教學員深度吐納，也會跳「瑜伽舞蹈」，跟著印度節奏的電音舞動。

　　2007 年，高頻交易產業大爆發，沙卡離開了交易科技，創立尖端金融科技公司（Edge Financial Technologies），除了幫顧客縮短時間差，這家公司也會讓只會點滑鼠的老派交易員認識自動化系統，一起設計、開發自己的演算法。他在芝商所附近租了間辦公室，找開發人員建立了一個小團隊。鎖定交易科技用戶的顧問公司並不多，因為有一定規模的高頻交易公司大多數都會建立自己的軟體系統，他們的生意都靠前雇主推薦。「找基特胥就對了，」曾任職於交易科技的員工說，「如果有顧客想要比較複雜的功能，超越我們能處理的範圍，我們就轉給他。」

· · ·

　　「『納德』你好，」沙卡 2011 年 10 月 3 日寫信給薩勞，不過他在聽語音訊息的時候把對方的名字聽錯了，「我收到你的訊息了，改造交易科技的功能，是我們最擅長的。你要

我怎麼幫你呢？」過了一個多星期，兩人在電話上討論過之後，薩勞寄了一封電子郵件給沙卡，列出了他想要尖端金融科技為他開發的功能。信裡說：

1. **排隊**：這個功能可以把等待完成的委託單放在買方出價或賣方報價旁邊，價格一更動就會啟動。所以如果我出 51 元要下 300 口來排隊，而現在交易價格在 53 至 54 元之間，那麼不管是以 53 元出價或 54 元報價成交，我的 300 口會同時出現在 51 元的報價上。

2. **在旁邊排隊**：和上面一樣，但是等待完成的委託單只根據單方的變動來啟動。以同一個例子來說，這 300 口只有在 54 元報價交易成功，價格來到了買方出價 54 元的時候，才會排到買方出價 51 元的隊伍裡。

3. **重新排隊**：為了上面兩種功能，我們必須要能夠讓委託單排到最後面去。我們可以在每次有新的委託單加入我在排的隊伍時就增減 1 口。但如果每次只調整一口看起來會有點奇怪，所以我們必須要讓系統在譬如說超過 20 口的委託單進來的時候增加 1 口，這數字可以改變。

……

5. **奇襲**：一旦價格到位，這張等待完成的委託單就可以成交了。假設現在成交價格是 47 元至 48 元之間，我

想在 49 元時賣 300 口，我就下等待完成的委託單。有
人出價 49 元，我要賣的 300 口就會立刻啓動，在這之
前都要隱形起來。這功能很重要的地方，就是要有個
寫數量的欄位……讓我填入要奇襲的最低量……

6. **我自己版本的冰山**：和奇襲很接近，差別在你下指令
給這個委託單，不斷奇襲，等整筆委託單都完成……
這個委託單必須要夠快，才能夠抓到所有的閃電委託
單，幌騙的人會在 1 毫秒之內出價或報價。

最後他寫道：

請盡速告訴我你的想法。我決定在我拿到這個應用程式
之前都不要操盤了，因爲我落後競爭對手太多，時間眞的很
寶貴。

　祝好

納凡德

納凡德‧薩勞想要尖端金融科技替他做出一套軟體，放
在螢幕上，和階梯並列，讓他可以透過介面控制。上面要有
許多按鈕，讓他用滑鼠就可以進行開關。「排隊」和「在旁
邊排隊」這兩種最重要的功能會用來幌騙。薩勞想選擇要下

多少委託單，就按下「排隊」或「在旁邊排隊」，然後就能在某個時候啓動。這些委託單會一直維持在「等待完成」的狀態，直到下次 E-mini 的價格改變，這樣就可以躡手躡腳地進入交易委託簿，不因爲價格浮動而受到矚目。爲了把委託單被執行的機會降到最低，就需要「重新排隊」的功能——這個功能薩勞在兩年前曾經跟交易科技提過，但當時被拒絕了。當「重新排隊」的功能打開時，系統就會自動調整委託單，每次有新的委託單進來，就會輪流增減 1 口，把薩勞的委託單送到隊伍的最後方——就像在超市裡排隊結帳的人脫隊了就要重排。幌騙的委託單難得被買走的話，剩下的會立刻取消。

　　幌騙委託單在發揮魔力的時候，薩勞就會同時賣出 E-mini，眞的做出空頭部位。市場上其他人看到這個行動，就會開始賣，讓 E-mini 的價格更低；等到價格跌了好幾個跳動點，薩勞就會偷偷地用「奇襲」和「冰山」買回 E-mini，這兩個功能會隱形起來不讓其他市場參與者看見，以維持「等待完成」的交易，直到足量的委託單出現，就能迅速成交，目的就是要盡量不透漏資訊。等到平倉——把賣出的部位買回來——之後，就會取消幌騙委託單，過個幾分鐘再進行下一輪。

　　產業裡其他人都轉往全自動化系統，只有納凡德・薩勞還留在駕駛艙，搭配升級過的武器系統，自己主導買賣。他

接洽尖端金融科技時，計畫已經發展完全，不需要系統工程師或市場專家的建議；他只想要有人幫他實現他的計畫。薩勞用來描述這套軟體的語言很有他的風格，這也很合理，他就是個自學成功的人。他知道的每件事都是靠著長期坐在階梯前面觀察而來。他沒有在高頻交易公司工作的朋友可以給他指引，也沒有金融工程碩士的學位，但他卻已經可以用逆向工程的方式，破解高頻交易公司那些「呆頭鵝」的策略。薩勞非常唾棄他們，一心想要建立自己的系統來擊潰他們。先不管合不合法，他確實身懷絕技。有個高頻交易公司的老闆就說：「我肯定會毫不猶豫就雇用他。」

　　沙卡接下了這個委託，指示工程師做出原型，並在 2011 年 11 月 11 日交給薩勞驗收。沙卡將其命名為「納凡德交易員」（NAVTrader）。接下來的兩個月內，尖端金融科技持續修正，薩勞則不斷測試。到了 1 月底，他們已經有了顯著的進展，薩勞願意簽約了。沙卡原本報價是 12,500 美元，他說：「這費用對我們來說其實偏低，但我們希望能賣給其他顧客賺錢。」開發過程中，他們多花了一點時間才讓薩勞滿意，所以最後收費 24,200 美元，這和薩勞可以賺進來的金額相比，根本是九牛一毛。然而這案子還沒結束，薩勞還提出了新的要求。他覺得這麼惹人爭議的程式以他的名字命名，讓他很不安，所以他要求沙卡把名稱改為「士官長」──這是熱門電玩遊戲《最後一戰》裡主角的名字。在遊戲中，士

官長以最尖端的戰甲和最先進的人工智慧，帶領人類在史詩般的戰役中對抗科技更發達的外星軍團，並邁向勝利。最後沙卡沒有答應，依然維持「納凡德交易員」這個命名。

　　有鑑於政府正在掃蕩幌騙的做法，薩勞很謹慎地從來沒提到他打算怎麼運用這個系統，沙卡也絕口不問，他知道最好別探聽客戶的投資策略。沙卡之後對調查人員說，尖端金融科技打造出來的所有功能都合法；他當然很清楚幌騙的議題。2012 年春天，沙卡和期貨產業界的另外 20 多名專家，受邀參加期管會設立的新委員會，檢視監管人員該如何理解與管理高頻交易。沙卡參與的市場微結構委員會，負責探索自動化交易對市場帶來的正面與負面衝擊，大家在定期會議和通話中討論著幌騙。（沙卡在委員會又待了兩年，尖端金融科技在這期間仍在不斷改進「納凡德交易員」程式。）

　　2012 年夏天，納凡德・薩勞準備要帶著新武器上場了，他終於找到了取代全球曼氏金融的新經紀商：一家有著愛爾蘭血統的獨立芝加哥公司——羅傑歐公司（R. J. O'Brien）。他的窗口詹姆斯・普林斯（James Prince）過去在全球曼氏金融工作過，當時 42 歲，住在英格蘭鄉間的大房子裡，他完全不想知道客戶的戰術是什麼。羅傑歐和 GNI 不同，這家公司不打算給薩勞太大的信用槓桿，他的部位規模也縮小了，拿著 2 億美元在市場幌騙的莽撞歲月結束了。雖然火力減弱，但「納凡德交易員」的精準度和效率卻提升了。過了幾個月

後，某天，薩勞的新武器才用了 1 分多鐘，就讓他賺進 5 萬
5 千美元；還有一次，他在 100 秒內就賺了 2 萬 3 千美元。
對他來說，發財從來沒有這麼快速、簡單過。

Chapter 16

財神降臨

• • • •

　　納凡德・薩勞賺錢的天賦令人讚嘆，但是這筆錢要如何管理或投資他就一竅不通了。他在居家生活和生意往來之間築了銅牆鐵壁，所以他媽媽每天上午出門到附近的藥局去當收銀員或是爸爸去診所領藥的時候，都完全不知道自己的兒子是千萬富翁。對薩勞來說，金錢很抽象；灌入他帳戶中的錢愈多，他就愈需要麥金儂和杜朋的指引。他們說，那時他們已經是薩勞的「管家」了，他們提供一站到底的服務，為這位身價高昂的客戶打點金融與投資事務。風力發電機的案子告一段落之後，他們又提供了一個新的投資機會，其中牽涉到一名神祕的年輕墨西哥商人。

　　黑素斯・亞歷漢卓・賈西亞・艾瓦瑞茲（Jesus Alejandro Garcia Alvarez）的公司益克錫（IXE）位於蘇黎世，在阿茲提克語中，「益克錫」是指「會露臉守信的人」。賈西亞2011年夏天前往倫敦最豪華的地段梅費爾參加會議，向台下

滿場的理財顧問、律師、會計師做簡報，杜朋就在觀眾席聆聽。益克錫的網站上說，他們是服務範圍廣泛的顧問公司，從資產管理、法律諮詢到「極致奢華的旅遊體驗」，無所不包。不過，賈西亞那天在宣傳不一樣的機會。他對觀眾說，他 5 年前在 30 歲的時候搬去歐洲拓展家族事業。賈西亞家族在全世界都有上流人脈，也掌握了機會，提供短期信用，促進「實體商品」的交易，如煤炭和食用油。交易到底要怎麼進行他沒多說，但基本上，益克錫會擔任買方與賣方的中間人，賺取佣金。舉例來說，中國的供應商在煤炭出貨之後不必等好幾個月才能拿到費用，賈西亞的企業會馬上付錢。益克錫只和政府與聲譽最好的公司打交道，為了保護自己，他們會要求交易各方都簽署有法律約束力的「信用狀」，保證履約。賈西亞說，益克錫已經賺到了豐厚的利潤，不過仍有資金上的需求，所以決定開放讓外部投資人參與的機會，歡迎大家牽線。

「我們提供另類的投資工具，可以為投資人帶來持續穩健的報酬，」賈西亞的西班牙腔濃烈到觀眾都快聽不懂了。「投資真正的經濟有很多顯著的優點 —— 投資人可以從真正的交易中，在毫不投機、毫無波動的環境下，持續獲得報酬。」

矮壯厚實的賈西亞氣勢不強，烏黑的雙眼又一直閃爍，開口說話的時候嘴角總是下垂，就像個腹語傀儡。他做簡報

的時候聲音單調，句子又不太連貫。怪的是，有一對打扮很幹練的英國人琳恩‧亞當森（Lynn Adamson）和克里斯‧薩維齊（Chris Sawicki）陪他出席。這對夫婦年約 60，儘管他們也才認識賈西亞不久，卻同意擔任益克錫的英國代理商。亞當森打了領結，開跑車，這輩子都在輔導中階經理如何減輕壓力，但她竟然替益克錫代筆寫提案簡報，因為賈西亞的英文不夠好。

　　賈西亞的口條或許不流暢，但不容否認的是，他的提案很誘人。參與這個專案的人（他們迴避了「投資人」的字眼）只要存放 100 萬美元，就能**保證**每年獲得 8% 的報酬。這筆錢會存放在瑞士的辛度佳（Hinduja）銀行，進入參與者的個人帳戶，只有他們簽名才能存取。因為這筆錢只會用來當作支持已經談好的交易的「保障措施」，所以絕對沒有風險。牽線的人，像麥金儂和杜朋，每年可以獲得客戶投資額的 4.5%，相當優渥。當賈西亞被問到益克錫的背景時，他說他們有個在杜拜的「姊妹公司」ETA Star，價值 3,000 億美元，是「中東最大的企業集團」，該公司也受到金融市場監督管理局規範。

　　麥金儂和杜朋沒有可以提供理財建議的法律證照，可是接下來的那幾個星期，他們漸漸說服薩勞接受益克錫的投資機會。2012 年 7 月，他們陪著薩勞到蘇黎世和賈西亞見面。薩勞小時候去印度看過親戚，後來就沒有出過國了。當杜朋

要開著 Aston Martin 名車載薩勞去機場的時候,薩勞還要求他不要停在他們那條街上,免得被鄰居看到。他們出發的時候很歡樂。他們在瑞士的地陪就是亞當森的搭檔薩維齊。他載他們到住宅區一棟很不顯眼的建築物,電梯還會吱吱嘎嘎的,沒想到那就是辛度佳銀行。銀行主管白紙黑字保證,薩勞的錢只有在他同意時才能動,之後這群人就前往位在市區的益克錫總部了。

益克錫辦公室雖然不大,但裝潢很有品味,除了有原木牆板,那道門厚得可以當銀行金庫了,整間辦公室都有一種劇場的氛圍。賈西亞在俯瞰利馬特河的會議室裡,再向薩勞介紹了一次「參與投資實體商品」的機會。會議中,賈西亞讓人參不透的口音對上薩勞的貧民區英語,讓溝通成了件很困難的事,不過薩勞對優渥的投資報酬率很感興趣。會議之後,他們到河邊用餐,賈西亞和薩勞聊起足球,拉近了彼此的距離;麥金儂和杜朋壓力很大,薩維齊的汗水則濡濕了整套西裝。等到帳單送上來的時候,薩勞就決定要投資了。

差不多在同個時間,倫敦發生了一件事,差點讓他們的生意在出發前就脫軌。賈西亞在梅費爾演講後,有個介紹人說服了一筆國家財富基金投資數十萬英鎊;這個基金在簽約前請企業徵信調查人員收集商情,根據調查結果,該基金決定收手。調查人員發現,2010 年蒙古中央銀行控告賈西亞和益克錫參與精心策畫的陰謀,掠奪了該行超過 2,000 萬美元。

所謂的「信用狀」騙局，其實是一個土生土長的佛羅里達人柏頓・格林博格（Burton Greenberg）的心血結晶，他後來因為另一樁無關的詐騙案服刑 8 年。

賈西亞發現有個介紹人在散播負面資訊，可能傷害到他的時候，就要求律師具函反駁，否認這些指控，並指出他和益克錫從來沒有在那個案件中被列為被告。[*]有別於麥金儂和杜朋，薩勞從來就不知道蒙古的案子。薩勞和賈西亞協商後，把他的報酬率調整為每年 9%，便簽約從他的海外公司轉了 1,700 萬美元到辛度佳銀行的個人帳戶裡。3 個月之後，第一張對帳單寄來了。薩勞原本覺得錢存在銀行，每季獲得幾千美元的利息就很幸運了，這時他的利息有大約 38 萬美元；靠著複利的威力，他的資金在 8 年內就可以翻倍了。這筆錢讓薩勞陶醉其中，所以他提議把放在克蘭伍控股有限公司的 1,500 萬美元都轉到辛度佳，希望在用錢之前多生點回報。

益克錫讓麥金儂和杜朋有點為難。薩勞存了第一筆錢之後，他們現在什麼都不必做每年就可以領到 50 萬美元的佣金。私底下，他們對賈西亞和他身邊的人有點防備，可是他們覺得最終還是要看薩勞打算如何處理自己的錢，但克蘭伍

---

[*]益克錫和賈西亞都拒絕回答本書的提問或接受採訪。益克錫在公開聲明中表示，本書所提供的資訊「都有偏見」，而且該公司「不認同出版內容」。

就不一樣了。身為蘇格蘭風力能源的主管，他們的每日開銷都來自克蘭伍，如果這個專案的領導人馬丁・戴維能實踐一半的諾言，他們就會變得很富有，所以保留資本至關重要。但是，辛度佳似乎是個獨立且可信的金融機構，如果他們為了益克錫把另外 1,500 萬美元給轉過來，這兩人每年的佣金可以再多拿 45 萬美元。最後他們同意：克蘭伍的錢可以轉入辛度佳的第二個帳戶，蘇格蘭風力能源的開銷就根據每季的需要來提領。

薩勞存了第一筆錢後過沒多久，西方各國政府就宣布制裁伊朗，益克錫寫信給投資人說，因為辛度佳銀行和伊朗有往來，所以他們必須把錢轉去摩根史坦利，益克錫在那裡也有帳戶。這轉折當然不討喜，不過益克錫提供白紙黑字的保證，只有存戶才能動錢。薩勞覺得摩根史坦利讓人很放心，所以就同意轉帳了。

接下來的那個夏天，薩勞又多存了兩筆錢，總投資額達到 5,000 萬美元。就像喬治・艾略特的《織工馬南傳》裡面那個愛囤金幣的主角一樣，薩勞喜歡看著銀行帳戶裡的數字增加，卻從來沒有領過一分錢花在自己或家人的身上，他總喜歡誇口說他每分鐘靠著利息就可以買個大麥克。他身邊的那些人也喜歡享受榮華富貴。麥金儂和杜朋現在各自每年都可以從益克錫獲得 75 萬美元的佣金，他們離開了郊區，搬到梅費爾市中心的伯克利廣場，租了一間豪華連棟別墅當辦公

室，在立面布置了一張巨大的蘇格蘭地圖和古董來福槍。麥金儂重新翻修了他的莊園，裡面有網球場、游泳池和酒窖；杜朋則在鄉間買了一間雅緻的公寓和法拉利超跑。每一季，金錢就會自動從亞當森和薩維齊這對夫妻所成立的公司滾過來，他們兩人這輩子投資都不成功，這下終於挖到了金礦。

　　同時間在蘇黎世，賈西亞氣勢如虹。在他承諾要募集大量資金後，便獲邀擔任甘迺迪人權組織瑞士分會的理事，這個慈善組織讓他能接觸蘇黎世的商界菁英。他的俄國籍妻子在城裡出現的時候，不是開著吸睛的 BMW 電動跑車或瑪莎拉蒂，就是搭乘禮車由司機接送，這對年輕的創業家夫婦逐漸嶄露頭角。2013 年 11 月，聲望極高的《週日新蘇黎世報》以專文介紹賈西亞。「瑞士最重要的農夫在都會職場工作：黑素斯・亞歷漢卓・賈西亞・艾瓦瑞茲在蘇黎世市中心的辦公室裡可以鳥瞰火車站，同時進行企業營運，」文章一開始就說，「30 多歲，身穿深色西裝，他和一般瑞士的專業人士非常不同。瑞士境內的農場面積平均為 22.8 公頃，而賈西亞先生和他的家族共擁有 5 萬公頃，牧了 6 萬頭牛。」

　　在 12 個月內，益克錫從顧問與交易公司變身為農業大亨，擁有馬鈴薯、酪梨、牲口等資產，客戶名單包括沃爾瑪和美國食品。這篇文章和一旁的照片，讓賈西亞透露出神祕的光芒：年輕的探險家繼承了拉丁美洲的龐大家業，卻因為墨西哥綁架犯猖獗而必須離鄉背井；但他打造了一個能讓一

直守護著他的父親倍感驕傲的王國。益克錫的網站也反應出了企業的變化，內容都改頭換面，網站上再也看不到提供富人諮詢服務的描述了，益克錫這時說自己是「遍布全球的集團……核心能力以農業綜合企業、商品交易和風險投資為主」，組織圖上還畫出 19 個益克錫的子公司，分散在歐洲、亞洲和美洲。

賈西亞的地位升高之後，陸續接受半島電視台、全國廣播公司商業頻道以及彭博電視台的邀請，以單調、平板的聲音談論食品標準、藜麥奇蹟，以及他的新歡「玻利維亞鋰」他說這就是「白金」。益克錫沒有公布任何財報，不過有份刊物估計賈西亞身價約 2 億 8 千萬美元，讓他穩坐在瑞士 300 富豪榜上；另一份刊物則估計他的身價超過 10 億美元。「我們父親那一輩，做生意就靠握手，」賈西亞在訪談中說，「這精神還留在益克錫。我們的生意關係建立在信任上，說話算話。」

Chapter 17
「吳明士」

. . . .

　　逮捕納凡德・薩勞動員了許多機構的人力，包括美國的期管會、聯邦調查局、司法部，和英國倫敦警察廳，但這項調查是由一個和政府毫無關連的人開始的。他和薩勞一樣，是個當沖交易員，在芝加哥的小型自營商謀生。他在 2012 年用閃電崩盤當天的數據測試系統時，發現了全世界都忽略的一件事。他的身分從未公開，本書稱他為「吳明士」。

　　吳明士比薩勞大幾歲，是率先進入電子交易的營業員。他在最下層待了很久，連房租都快要付不起。那時候他常想著，要不要追求他真正動心的職業：設計業。錢始終不是他最重要的考量，但他很擅長使用電腦，經過一段時間他就喜歡上操盤了。他說：「我喜歡解謎，而市場就像謎題一樣。」最後，他自立門戶，在很多公司租了桌子，後來又和他這一路上認識的幾個交易員與工程師，開創了他們自己的公司。剛開始，吳明士和薩勞一樣，都是靠著鍵盤、滑鼠下單的交

易員，但演算法普及之後，他發現自己必須與時俱進。有人推薦他一個從歐洲來的工程師，他們就一起合作，他開始開發自己的演算法。剛開始的時候很基本，只是增設幾個快捷鍵，後來的版本就比較複雜，可以靠他觀察到的模式和連動關係賺錢。「我會說這是個灰盒子，」他說，「有很多步驟可以自動化，但還是要人工輸入和互動。」

吳明士說話速度很快而且滔滔不絕，好像擔心一停下來就沒機會講了。他說自己是個造市商，一直用老招，持續在買賣雙方送出委託單，利用買賣價差賺錢。因為創造了流動性，他相信他一邊在賺錢過好生活，一邊也為廣大的金融生態提供了服務。造市的核心觀念很單純，以 E-mini 為例，你下 1 元的買單和 1.02 元的賣單，兩張單都成交的話，你就賺了 2 美分；一天之內進行個幾萬次，你就做出名堂了。但市場動得很快，雙向報價可能會有風險，能夠不管市場情勢而持續獲利，是一門專業又複雜的工作。為了盡量增加回報，吳明士請他的工程師開發軟體，協助他根據市場參與人交易後留下的足跡來辨識競爭對手。階梯上有很多可能的線索：委託交易的量、委託單成立的時間、委託的時間長短、出價和現價的差距等，吳明士利用他的設計背景創造工具，搭配上顏色標籤、閃光、圖表，讓他能更清楚地看出市場裡發生了什麼事。「你想要搞清楚是什麼驅動了市場，並且希望能破解別人的策略，」他解釋說，「這很難，多半是靠推理，

但有時候會看出模式。」

　　2012 年 8 月，熱浪的尾聲，吳明士和他的工程師在更新偵測軟體、增加新功能時，沒有想太多，就決定拿近期內最曲折的一天──2010 年 5 月 6 日──來進行測試。吳明士就和業界所有人一樣，對閃電崩盤非常熱衷。市場狂瀉的時候他就在電腦前，他毫髮無傷地逃難成功了，但是心裡一直對市場機制如此脆弱感到很不安。過了幾個月，他反覆閱讀證管會和期管會的聯合報告，而且他很熟悉基里連科等人的研究。他對閃電崩盤有自己的推論，但是那天決定要用閃電崩盤的數據來測試軟體，真的是純靠運氣。

　　根據系統分析的結果，有兩件事讓吳明士感到很震驚。首先，當時 E-mini 交易委託簿裡的買單和賣單嚴重不平衡，就算是考量所有對經濟大環境的負面情緒，這狀況還是很異常；第二件事則推動了前一件事，那就是有龐大的賣單在最佳出價上方三個價格點外施壓，從芝加哥時間上午 9 點 20 分開始就出現在階梯上，不斷跟著 E-mini 的價格移動，但始終保持固定的距離。前幾個小時，大量賣單出現個幾分鐘就消失了，但是從上午 11 點多到下午 1 點 40 分，也就是市場崩潰的前 1 分鐘，這些賣單就一直在那裡，像一堵無法撼動的高牆。

　　美國政府調查崩盤起因後過了兩年，吳明士看著幌騙的行為愈來愈囂張，交易圈也都注意到了。他在報導中看到紐

約的交易經紀商延齡草（Trillium）有 9 名股票交易員及其主管被罰了 230 萬美元，因爲他們「分層出價、缺乏善意」地系統性下單，以「創造市場活動的假象」。交易論壇忽然被洗版，一方面很多人抱怨幌騙帶來的優勢，另一方面則有很多人煩躁地討論到底現在什麼合法、什麼非法。吳明士檢視 2010 年 5 月 6 日的 E-mini 數據後，很明確地說：「我馬上就能確定，我發現了大規模操縱市場的行爲。」

　　吳明士再三檢查數據，並且花了非常多的時間和同事討論其他可能的解釋；最後，只有幌騙能說得通。他之所以這麼篤定，是因爲有個賣家的委託單在新資訊進入市場的時候就會有反應。他解釋說：「那個人在他的交易策略中設計了一種很可疑的行爲。」很多正當、合法的交易策略，也會放很多不同價格的委託單到交易委託簿裡，然後又頻繁地取消後重新下單，目的是要盡量跑到隊伍的前方；但這個演算法卻反其道而行，每次價格變動，委託單就會到後面去重新排隊，大幅降低成交的機會。吳明士說：「如果下單的人刻意使用這個策略，那肯定要重新檢討，因爲這樣他根本不可能有任何成交的機會。」

　　吳明士困惑了好幾天。金融市場史上最大的單日股災，眞的有可能是一個人操縱就引發的嗎？如果眞是如此，怎麼會沒人注意到？這太扯了。他回頭翻閱證管會和期管會的聯合報告，一行一行都不放過。這份報告初期的版本說：「在

歐洲中部時間大約下午 1 點半，標普 500 E-mini 期貨市場裡的電子限價委託簿，賣單和買單明顯失衡。價格已經在跌了，儘管交易量增加，但失衡的現象造成短時間內流動資產異位。」他們發現了大量未完成的託賣單，可是卻沒深入探究到底是什麼——或是誰——在後面搞鬼；他們把重點放在已完成的交易上，所以才會循線找到了沃德爾—里德金融。吳明士說得很婉轉：「很可惜監管人員沒有使用更宏觀的數據。」讓他更百思不得其解的，是芝商所在 2011 年的利潤就有 20 億美元，足以供應期管會運作 10 年，但是連芝商所也沒有看出市場當時發生了什麼事。「這種行為交易所不可能會失察，這量太大了。」他說。

吳明士思索著下一步該怎麼做，這時他想起《華爾街日報》前一陣子刊登了史考特‧派特森（Scott Patterson）和珍妮‧史特拉斯堡（Jenny Strasburg）的文章〈讓超高速股票交易員跳到隊伍最前面〉。那篇文章介紹了 41 歲的電子交易平台公司創辦人海姆‧波迪克（Haim Bodek），在無意間發現交易所和高頻交易公司交相賊的證據。2009 年 12 月，波迪克在參加業界餐會時，在吧檯前和一家比較新的股票交易所 Direct Edge 的主管抱怨說，這陣子的獲利變少了，那位主管立刻分析了問題。波迪克還在用傳統的標準限價委託單，不過交易所在高頻交易公司的要求下，默默創造了一些比較新穎的委託方式。那位主管解釋了其中一種「隱藏且不自動

調價」（Hide Not Slide）的委託單，讓用戶可以在成交前隱藏自己的出價或報價，也可以在某些特定情況下跳到隊伍的最前面──這是許多高頻交易策略追求的目標。波迪克氣炸了，他在餐巾紙上潦草地寫下「隱藏且不自動調價」就離席了。「我覺得自己像個白痴，」他過幾天後在後續的電子郵件裡面寫道，「我從來沒搞懂當日限價的負報酬。」

　　波迪克並不是白痴，他是電子交易世界裡的神童，他父親是知名的粒子物理學家，而他自己 20 幾歲的時候在霍爾交易公司（Hull Trading）工作，這家公司被高盛以 5 億美元併購。波迪克在高盛和瑞銀投信做到很高的職位，在接近華爾街生態體系的頂端時決定收拾包袱自立門戶，於 2007 年創立了交易機器公司（Trading Machines）。他自認自己對市場內部運作的狀況瞭若指掌，沒想到卻是因為在對的地點請對的人喝了一杯酒，才無意間發現這種委託單類型的把戲。那其他人還有什麼指望？波迪克開始利用「隱藏且不自動調價」的委託單來操盤，利潤立刻增加，但他卻覺得心神不寧。操盤之所以吸引他，一部分的原因是這個過程反應出達爾文所提出的自然本質。當然，有些人反應比較快，有些人掌握比較多的資訊，每個人都可以投資在更好的科技，完全不受限制。但現在這不一樣。交易所開發出更先進的功能，只讓少部分顧客祕密使用，這些公司以最大的交易量來進行操作，產生最高額的佣金，還讓自己公司的員工擔任交易所委員會

的成員。交易所動了很多手腳，獨利少數對象，這就像是他
們開發出了電腦遊戲的通關密語，只讓幾個朋友知道。

　　波迪克當然可以不要把通關密語告訴別人，但他決定要
通報證管會，後者隨即展開調查。吹哨者會危及自己的職業
生涯，但波迪克認為，如果沒人踏出這一步，一切都不會改
變。於是他在搭配這篇《華爾街日報》文章的照片中，雙眼
直視鏡頭，手持一把長劍落地而立，劍尖入土，他雙手則緊
扣著劍柄，明亮的光線落在他光溜溜的頭頂上。要警告有關
當局需要勇氣，不過波迪克的出發點並不完全是出於博愛與
利他的角度。幾個月前，政府在《陶德—法蘭克華爾街改革
與消費者保護法案》中推出了新的吹哨者計畫，只要有人能
自告奮勇地站出來提出原始資訊，就能獲得豐厚的獎金，這
個條款讓執法更為順利。波迪克放棄了匿名舉報的權利，光
明磊落地從證管會收取的罰金中取得 10% 至 30% 的獎勵。

　　該篇文章也引述了波迪克律師謝恩·史蒂文森（Shayne
Stevenson）的話，他來自總部設在西雅圖的 Hagens Berman
Sobol Shapiro 律師事務所。吳明士察覺到機會，便打了電話
給他。史蒂文森是個心懷理想主義的年輕律師，從小在拖車
裡長大，就讀耶魯法學院的時候成立了勞工權利組織，畢業
後隨即令人羨慕地在紐約南區的聯邦地方法院擔任書記官。
留著山羊鬍、頂上無毛的他相當能言善道，他大可以進入大
公司、大集團工作，可是他卻決定要回到華盛頓州。「認識

我的人都知道那裡的環境不適合我，」他說，「我在太平洋沿岸的西北地區長大，我愛這裡。我從來不想當企業律師。我爸是環境生物學家。現在我從辦公室就能看到三片海域還有白雪覆蓋的山頂。」

　　史蒂文森擔任州檢察官幾年後，才轉職當起辯護律師。這份工作就是要協助當事人和團體落實《虛假申報法》，獎勵老百姓擔負起公民檢察官的責任，替政府執行法律，掃蕩貪瀆案件。所以當證管會和期管會起草類同的吹哨揭發方案時，他就成了新領域裡大家第一個想到的律師了。波迪克是他首位應用《陶德—法蘭克華爾街改革與消費者保護法案》的吹哨者當事人。「我和波迪克都喜歡直刃、龐克、鞭擊金屬和硬核音樂，尤其是 1984 到 1989 間的音樂，所以非常聊得來。」他說，「像是金屬製品、超級殺手、炭疽樂團以及甘迺迪之死等。我們都玩過龐克樂團，如果我們沒有在討論案件，就是在聊新的維京金屬樂團。」

　　吳明士來電告訴史蒂文森說，他發現了閃電崩盤當天有人在操縱市場的證據時，史蒂文森其實不太相信。首先，他平均每接到 50 通的詢問電話才有 1 件成案。他笑說：「你不知道有多少人跟我說標普 500 有問題。」其次，多數吹哨者都有某些內部資訊，他們可能是員工或承包商，親眼看過不法行為，但是吳明士所做的比這些線人都更厲害。如果他說的沒錯，那麼他就是在史上經過最仔細研究與調查的股災公

開資訊中，看到了別人全都忽略的破綻。他如果這麼厲害，那肯定也能從錄到甘迺迪被暗殺的粗糙影片中，看見隱身在雜草密布的小丘上的第二名槍手了！不過，吳明士的言行氣質——超過 20 年的交易經驗、技術專業，還有實事求是、講求邏輯的說話方式等，都散發著信心。等到吳明士向史蒂文森解釋完圖表、圖片、慢動作影片中呈現的數據後，史蒂文森已經被說服了。他說：「當資訊那麼清楚、精緻地呈現在眼前時，真的不由得你不相信。」

　　吳明士在史蒂文森的協助下，填妥期管會的吹哨揭密文件，於 2012 年 11 月，附上支持論述的相關數據一起送交華府。他在等待政府回音時，幻想著這個神祕的交易方是什麼樣子；如果最後發現是高盛或城堡資本造成閃電崩盤，又會引起多大的爭議。「我變得很著迷，」他說，「根據數據，我猜那一定是個大型自營交易商，或許有內部清算機構來幫公司避免政府找碴。這種行為的規模龐大、勇氣可嘉，我絕對不會想到那只是一個人。但事實證明，我錯了。」

Chapter 18

嫌疑人 1 號

. . . .

期管會的執法部門成員多半是檢調人員，檢察官要收集資訊建立案件；調查官則通常來自金融產業，且具備技術專業。過去，法律人在委員會裡占上風，他們有名校光環，薪水也比較高。不過市場變得愈來愈複雜，愈來愈依賴有資料分析、交易和數學背景的檢察官，以理解這個世界。2013 年年初，33 歲的調查官潔西卡・賀瑞思（Jessica Harris）在狹小陰暗的華府辦公室猛寫程式時，接到了一通電話，那時她的鍵盤放在膝蓋上，溜冰鞋擱在桌上，完全沒料到這通電話會變成她職業生涯中最大的案件。

期管會幾個月前收到了吳明士的情報，部門主管決定指派堪薩斯市的衛星辦公室來負責，巧的是，那間辦公室離沃德爾—里德金融的總部才幾步之遙。主導這起調查案的是幾位中西部的律師：喬・曼騰伯格（Jo Mettenburg）、珍妮・察平（Jenny Chapin），及資深檢察官查爾斯・馬文（Charles

"Chuck" Marvine）；他們這幾年來因為掃蕩了幾樁小規模的龐氏騙局和詐騙案，做出了名聲。這些都是經驗豐富的檢察官，不過他們對電子交易的高科技世界認知有限，自從拿到情報之後，這案子就變得愈來愈複雜了。幾個星期內，吳明士傳來了第二批數據，把當時還無法確認身分的交易員和 2010 年 5 月 6 日前後的幌騙行為搭在一起。之後，吳明士提供的證據顯示出這個人擴大了手法，在交易委託簿裡手動下單或取消，一口氣就是 287 和 189 口；接下來 1 年多時間，他還持續不斷地找出新的資料。

期管會的主要任務是：證實吳明士的發現，確認有沒有犯罪行為，如果有的話就要建立一個在法院上站得住腳的案件。馬文和其他律師可以處理後面兩項任務，但第一項就比較困難了。吳明士的資料看起來很有說服力，可是委員會有責任查清他的指控是否正確，這聽起來比做起來容易多了。在高頻交易時代，每天都有幾十億張委託單送出、修改、取消，要重新建構 E-mini 的交易委託簿，是期管會的人力和電腦運算能力從沒挑戰過的壯舉；就算有可能重建，他們還需要拼湊出懷疑對象的操盤策略，並證實他的犯意。大家都知道操縱市場的案子很難成立，因此心理陰影面積很大。

堪薩斯市的這些律師需要擅長處理數據的調查員，所以當他們聽說潔西卡・賀瑞思可以承接的時候，立刻就徵招她入隊，讓她遠距離參與辦案。賀瑞思自從 2009 年加入期管會

之後，就一直很努力跟上市場的變化。她辦第一樁幌騙案的時候，是鉅細靡遺地在微軟的試算表列了 1,000 萬欄，拆解小麥交易員艾瑞克・蒙卡達（Eric Moncada）操縱價格的交易手法，這工程大到她的電腦幾乎都要跑不動了。當她的部門購入新的統計分析系統，可以更有效地儲存、交叉比對並且以圖像呈現大量數據時，潔西卡・賀瑞思就立刻汰換系統了。她非常喜歡這個領域，甚至還報了維吉尼亞大學的系統工程密集碩士學程，下班時間和週末都在進修科學工程、線性代數和統計學。

賀瑞思說：「老實說，期管會的訓練太粗淺了，部門裡也沒人有進階統計的經驗和背景，沒有人真的知道要怎麼找到數據的源頭，加以分析。」以前首席經濟學家辦公室還有基里連科那些人，可是那個部門被懷疑洩漏資料以後就解散了。「沒有好的基礎，就很難做好這個工作，所以我決定自己來打基礎。」

• • •

潔西卡・賀瑞思從小到大一直是個好奇寶寶，她在密西根州的安娜堡長大，父親查爾斯・賀瑞思是個退休的海軍軍官，這個威爾斯裔家族裡有很多人都投身軍旅。查爾斯在密西根的通用汽車工廠裡工作，在孩子上床睡覺前總會檢查他

們的房間。潔西卡的母親歌妲是位護理師，她來自海地，後來自己經營外燴服務。歌妲小時候便逃離了海地獨裁者杜瓦利埃的暴政，當時情勢慘烈，他們從來沒公開討論過，這祕密快把潔西卡和哥哥逼瘋了。

他們家的房子和鄰居連成一排，附近的小孩會一起練足球，在星期五晚上看球賽，所以賀瑞思一家和當地的小朋友都處得很好。潔西卡的哥哥克里斯說：「我們穿得很中規中矩，很難看出我們到底是哪裡人。」不過到了週末，他們就會去南密西根和底特律聚會，大人喝蘭姆酒，討論海地太子港的政局，海地松露飯和香烤雞排的味道瀰漫在空氣中。歌妲出身於海地望族，但後來因為杜瓦利埃而家道中落；她哥哥皮耶・馮索・班諾（Pierre François Benoit）後來成了海地駐美大使。潔西卡他們只有在這些聚會裡才能聽到些蛛絲馬跡，一窺媽媽在加勒比海的生活。克里斯說：「很多問題永遠得不到答案，非常神祕。」

這幾個孩子知道最好別問太多，但潔西卡是天生的調查員。她 12 歲那年，有個陌生人開著 BMW 到她家，自稱是他爸爸的表弟。克里斯說：「潔西卡上下打量那個人，馬上就知道他是來揩油的。」這個遠房親戚在他們家一待就是好幾個星期，吃他們的、用他們的，空講些近期的計畫，還厚臉皮地自己參加他們的聚會，孩子們都很討厭他。「他只在乎他的車，」克里斯說，「有一天他大吼大叫地跑進屋裡，因

為有人折斷了車上的天線。」潔西卡口風很緊，關於這件事什麼都問不出來，沒幾天討厭鬼就挫敗地離開了。

潔西卡在西密西根大學主修企業管理，畢業後在全球曼氏金融工作，到芝加哥擔任商品經紀人的助理。這是她第一次進入交易的世界，覺得市場的節奏很有趣，但也覺得這工作沒有靈魂，所以當她看到全國期貨協會（National Futures Association）開缺，就決定應徵了。全國期貨協會是個半監管機構，負責管理期貨交易與經紀公司，調查還沒送到期管會的案件，或者期管會不處理的小案子。潔西卡立刻就找到了歸屬感，短時間之內就從稽核員晉升為調查員、資深調查員，最後當上主管。她戴著識別證走進企業大樓，面對年紀比她大一倍的企業主管，想問什麼都可以問。「她不只是優秀而已，她是最傑出的一流人才。」全國期貨協會的營運長丹・卓斯科（Dan Driscoll）說，「真的，我沒見過這麼有毅力的人。她是一隻鬥牛犬。」2009 年，潔西卡在辦一椿詐騙案，必須和期管會保持聯繫，等那案子辦完，期管會的一位主管就問她願不願意跳槽。「我知道，就像是灰姑娘的故事成真了，對吧？」她笑著說。

· · ·

潔西卡・賀瑞思的辦公室裡面東西不多但功能完整：幾

面白板上有各種圖表和公式，好幾疊檔案卷宗，門把上掛著單車安全帽。外頭大辦公室很吵雜，但賀瑞思多數時間都自己獨處，盯著螢幕，沉浸在數據裡，偶爾會有同事探頭進來打招呼或問問題。她說：「老實說，我也可以穿著運動褲，在我媽的地下室一邊喝運動飲料一邊辦公。」接了新案子之後，賀瑞思的首要之務就是從不同的來源匯入交易數據。過去，期管會在偵辦市場操縱案的時候都會依靠「交易紀錄報告」，其中列出了每一筆成交或部分交割的交易。基里連科和他的同事也是靠著交易紀錄報告，才能在閃電崩盤後的那幾天辨認出沃德爾—里德金融的演算法，用來當作聯合報告的基礎。不過取消的委託單和完成的委託單有一樣高的偵辦價值，吳明士所發現的交易模式 —— 在距離現價一定差額的價格點上快速大量下單並調整委託數量 —— 並不會出現在紀錄裡，因為這些委託單幾乎永遠不會成交。為了要把幌騙的委託單獨立出來，賀瑞思必須用上芝商所提供的另外兩組數據，分別是「急流」（Rapid）和「梯隊」（Armada）。急流數據組記錄了所有帳號的每一筆委託單，不管是否交割、部分交割、修改、取消，全部都會記錄下來，讓賀瑞思和同事可以在最繁複的情況下看到偵辦對象的活動；梯隊數據組則讓她可以重建階梯，鎖定最佳報價上下 9 個價格跳動點的範圍，以便從偵辦對象的行動中看出周圍的影響與變化。

　　芝商所不是用名字來辨識交易員，而是每個帳戶都有個

身分碼。調查初期的那幾個星期，偵辦對象的代號是「嫌疑
人 1 號」。根據委託單的規模和活動範圍，調查小組推測他
們要找的是一間大型的高頻交易公司，或是華爾街某間銀行
裡的頂尖交易員。他們知道這個帳號透過全球曼氏金融來操
盤，一般在正常情況下，他們都可以要求全球曼氏金融馬上
提供這個帳戶的詳細資訊，但是當時全球曼氏金融卡在破產
的程序裡，他們只能寫信給清算機構等待回音。賀瑞思在等
待的同時，繼續研究資料。

　　嫌疑人 1 號在 E-mini 市場裡的活動符合幌騙的特徵，不
過很多交易策略都會在眾多市場下注，所以也有可能是這個
E-mini 交易員，只是在用她不認識的資產配置方式來操盤而
已。不過賀瑞思很快就排除了這個可能性，她相信這個嫌疑
人只活躍於 E-mini 市場。接下來，她找出了分布狀況，比對
這個帳戶的交易行為和市場其他人的活動。「你想知道正常
的活動是怎樣，」她解釋說：「E-mini 的平均交易規模多大？
有多少比例的委託單會取消？委託單通常會等多久？怎樣是
異類？」嫌疑人 1 號或許試圖操縱市場，但如果有人在做一
樣或更糟的事，那就很難找到立案的根據。

　　不管從什麼角度來看，嫌疑人 1 號都是異類。期管會選
了 12 天的交易紀錄試圖勾勒出這個帳戶的活動，他用的分層
出價演算法總共取消或修改了 182,000 次，名目金額相當於
35 兆美元──這是美國國內生產總值的兩倍。在其中 8 天，

這些委託單連一張都沒有成交，而且規模都非常龐大：平均504口，而市場內的交易每筆平均是7口。閃電崩盤當天，全球第二大的期貨市場 E-mini 裡所有被取消的交易中，有接近三分之一來自這個分層出價演算法。吳明士認為：「毫無疑問，我們面對著史上最大的幌騙犯。」

　　2013年3月，全球曼氏金融的信託機構傳來帳戶資訊，嫌疑人1號是納凡德‧薩勞期貨有限公司，位於英國，只有1名董事。期管會從上到下沒有人聽過這家公司，但因為新的自營商不斷冒出來，因此也不足為奇。只不過，當調查小組在 Google 地圖上搜尋帳戶登記地址的時候，很多人都挑起了眉毛：全世界前五大的標普交易員真的是在這間郊區小房子裡面操盤嗎？賀瑞思忙著處理數據的時候，芝加哥的律師開始訪談納凡德‧薩勞的經紀人和市場裡其他成員，逐漸了解這個交易員的古怪行徑。有個經紀人說納凡德‧薩勞曾經找不到他們的辦公室，他得在電話裡面一步一步引導他；有些人則把他描述得很邪惡。芝商所裡有個個性拘謹的監察人員表示，納凡德‧薩勞曾經威脅說，如果不幫他處理問題，他要飛來美國「砍掉你他媽的大拇指」。賀瑞思和她的同事真的不曉得自己是在面對《阿甘正傳》的主角，還是英國黑幫電影裡的鬼才。

　　偵辦進度持續有所進展，調查小組碰到了另一個難題，這次是來自組織內部。主管這個案子的人，在交易員還是在

交誼廳裡呼喊的年代就在執法部門任職，至今已經很長一段
時間了。他不認爲這個案子有什麼價值，多次在緊湊的會議
中唱衰大家；他也不認爲納凡德・薩勞有這番能耐。表面上
他們是在爭執期管會有沒有辦法證明假造的流動足以撼動市
場；不過其實這整段關於納凡德・薩勞的爭論，還有一個沒
人明說的內情：期管會如果翻盤說閃電崩盤是幌騙行爲造成
的，那爲什麼在 3 年前發布的報告裡面，一個字都沒提？

　　到了 2013 年秋天，調查小組已經證實了吳明士的證據無
誤，並且根據這一切循線找到了納凡德・薩勞，還收集到其
他人和他互動的紀錄，包括芝商所針對盤前交易所發出的**警
告函**。調查小組知道，資料雖然很多，但不足以將他定罪。
幌騙是個全新的罪名，在法庭上沒有試驗過。如果要符合操
縱市場的標準，就必須證實納凡德・薩勞**有意**欺騙市場，這
根本是一座無法攀登的懸崖。他們暫停這個案子還有其他考
量：如果幌騙的行爲很明確又持續已久，爲什麼芝商所的監
管人員從來沒有採取過具體的行動？全球曼氏金融又怎麼會
允許一個當沖交易員，在臥室進行這麼高風險的交易？

　　期管會和其他打擊犯罪的機構不同，他們沒有權力對非
美國公民納凡德・薩勞發出搜索令或傳票。面對死路，他們
決定跨越情資的黑洞，直接聯繫他們的源頭。賀瑞思和一名
律師擬了一封信，裡面有很多開放式的問題，就是在不打草
驚蛇的狀態下獲得更多資訊：請談談你的操盤工作？你用什

麼軟體？你用什麼交易策略？在客氣有禮的文字後面是個不
容誤會的訊息：**我們盯上你了。**

Chapter 19

白麵包與芝商所

・・・・

當納凡德・薩勞接到美國期管會的來信時，第一個反應就是不予理會。他時不時就會收到交易所問他怎麼操盤的公文，但是都沒有下文，他覺得和任何監管機關聯繫都沒有價值。一星期前，羅傑歐公司轉寄了期管會的「擾亂市場的交易行為……詮釋指南」，裡面詳列了在幌騙規範下，哪些事情可做、哪些事情不能做。薩勞沒有檢視自己的戰術，還回信給經紀人說：「笑死人，我敢說如果現在打開電腦，就會看到那些人從早到晚一直在違反這些規定。」不過，當他對麥金儂和杜朋提起期管會那封信的時候，他們勸他要認真面對。2013 年 12 月，麥金儂帶薩勞去倫敦見 3 名律師，他們都講了一樣的話：忽略那封信會很危險。他們提議要代表他和期管會互動的時候，薩勞頻頻點頭，可是當他們討論到律師費的時候，他卻決定不要委託他們了。過了一陣子，芝加哥有一群交易員控告芝商所集團，這案子深得薩勞共鳴，也

影響了他回應美國政府當局詢問的方式。

• • •

　　芝加哥期貨交易所有個不成文的規定，每個人都得有個別名。同事都叫比爾‧布拉曼（Bill Braman）「白麵包」，因為他很客氣，就算爆粗口也會把「你媽」講成「尼瑪」。布拉曼又高又瘦，還有個光頭，他大學畢業後進入財政部，不久就碰到了 1987 年的黑色星期一，一直在那裡待到 911 事件前的夏天，才轉為在螢幕前操盤。轉型不容易，很多朋友都半途而廢了，不過布拉曼學得很快又有決心，所以沒多久就開始賺大錢了。「那是我人生中最棒的幾年，因為我知道要怎麼操盤，銀行和那些腦筋聰明的傢伙都還沒搞懂電子交易呢。」他回想著，「我很喜歡每天清晨 5 點就開始工作，午休的時候工作就結束了，我去運動，再回家接小孩放學。人生很愜意。」

　　這一切大約在 2007 年前後，開始有了變化。布拉曼根據不同時區債券的連動變化來交易，但高頻交易愈來愈普遍之後，他的策略就不靈光了。他想要適應新環境，融入演算法並投資新科技，讓他能以更快的速度執行交易，他甚至還自學寫程式。但是高頻交易公司太快了，在所有人都還沒反應過來之前就把機會吃光了。最後，2012 年時布拉曼放棄了，

並且離開了這個讓他賺錢的產業。幾年之內，他離了婚，在星巴克煮咖啡。他利用閒暇時間發明了單車騎士用的遛狗牽繩「帶狗跑」。「從百萬富翁到一無所有，對家庭生活沒有好處。」他說，「我身邊有人自殺了。他們以前開名車、佳豪宅，現在沒有臉面對親朋好友。」

布拉曼說，有成千上萬名過去可能在倫敦國際金融期貨交易所、芝加哥期貨交易所、芝商所輝煌過的交易員和他一樣，什麼都沒有了。他對電子交易的進化態度很開明，他認為所有產業遲早都會機械化，但是高頻交易這麼囂張讓人很難接受。「想像一下，我們都在交易廳裡，我有個很棒的位置，就在經紀人的旁邊，我可以聽到交易員進來。有一天，一群身高 200 公分的人走過來，站在我前面，排擠我，讓我再也無法看到交易的實況。」布拉曼說，「以前市場是菁英社會，如果你大手筆買賣，你就能和經紀人打好關係，他們會幫你找位置。從事高頻交易的人沒有比較優秀，他們就是一群黃鼠狼，偷溜進來打聽消息，然後跳到我們前面，自己完全不承擔風險。」

布拉曼認為，芝商所集團比高頻交易公司還要惡劣。這家市值 750 億美元的企業，擁有過去屬於會員的交易所，但董事卻讓吸血鬼進來把大家吸乾，自己撈油水。所以當以前在交易廳認識的朋友「飛彈」打電話給他，問他要不要加入集體訴訟案，一起控告芝商所時，布拉曼當然很樂意。這案

件是塔瑪拉・德西娃（R. Tamara de Silva）的心血結晶，她以前也在交易廳裡買賣，希望透過操盤來支撐自己法律系的學業。德西娃相信芝商所集團對特定顧客提供了優惠待遇，構成了大規模的詐騙行為；不過要說服市場裡其他朋友一起提告並不容易。「你必須理解，芝加哥是個交易城，芝商所力量很強大，」布拉曼說，「很多人打從心裡畏懼交易所，就像畏懼黑道一樣。」布拉曼認為自己就算打輸了也沒什麼損失，所以願意列名。

2007 年，德西娃才剛通過北伊利諾州聯邦律師考試，沒有什麼《商品交易法》的經驗，只有正義感和自信心，貫穿了她生活的各個面向。她網站上的品牌標誌結合了她的名字和司法的天平，並自稱為「進取且無懼的辯護律師」，而且「不接受拒絕」，專門承接「其他律師不接的案件」。她還經營「適時抗議」部落格，寫下許多激昂的時事評論。工作之餘，她還管理一家繁殖西班牙獵犬的狗園「創造神話」，並且把照片分享在 Instagram 上。布拉曼說，這就像電影《永不妥協》一樣，德西娃頂著一頭金色鬢髮，對抗全世界最大的商品交易所。她是很合適的領袖。

布拉曼等人在 2014 年 4 月 11 日首度對芝商所集團提出告訴。在訴訟文件中，德西娃指稱，芝商所和高頻交易公司簽署了「祕密合約」，讓他們可以「比金融世界裡的其他人都更早看到價格數據和未執行的委託單資訊」，同時卻對外

宣稱每個人都獲得「即時」資訊，因此芝商所犯下了操縱市場、詐騙、提供不實資訊等罪行。這份文件只有 17 頁，裡面沒有證據可以支持他們的論述，其中還有一些可疑的推論，像是高頻交易公司經常下大量委託單，但事實上，他們大部分是頻繁地小量下單。

　　兩天後，芝商所重砲回應：「此案缺乏事實根據，無法支持指控內容；更糟糕的是，這個案件展現出對方嚴重誤解了市場運作的方式。很遺憾，對方律師提出訴訟只是為了出名，他們倉皇地提案，完全沒有盡基本的功夫去判斷指控內容有沒有根據。」

　　德西娃的案件只有一個優勢，那就是時機。提告的前一個月，暢銷書《大賣空》與《魔球》的知名作者麥可‧路易士出版了新書《快閃大對決》，揭露了市場和高頻交易，拋下震撼彈。路易士在書中，透過決心要改變系統的局外人布萊德‧勝山（Brad Katsuyama），描繪出市場如何惡化成極端複雜與破碎的樣子，其中速度成為致勝的關鍵，而超前交易則在合法之後成了常態。美國股市現在已經分裂成一個階級社會——擁有高速能力的投資者是上流階級，沒有高速能力的投資者則是下層階級。上流階級花大錢取得奈秒優勢，下層階級則壓根不懂奈秒能做什麼；上流階級掌握了整個市場，下層階級則連股市長什麼樣子都無法看清。

　　路易士並不是第一個質疑現代市場公平性與效用的

人，不過他有讀者，當他如此赤裸裸且擲地有聲地寫出現況，就把原本在閃電崩盤過去後已經漸漸安靜下來的高頻交易爭論，帶回了主流。《快閃大對決》立刻登上暢銷排行榜，一星期內美國司法部和證管會就宣布他們要開始調查高頻交易。紐約州總檢察長艾瑞克・史奈德曼（Eric Schneiderman）也展開了調查，並稱高頻交易是「內線交易2.0」。交易所和交易公司立刻提出反駁，譴責路易士的書興風作浪，刻意誤導民眾，但很多金融圈內的人都站在作者這邊。諾貝爾經濟學獎得主約瑟夫・史迪格里茲說，高頻交易就是一種竊取租金的行為，扭曲了市場，並阻擋投資；巴菲特的左右手查理・蒙格則說，高頻交易就「等於是讓老鼠進了穀倉」。

德西娃剛好迎上這場風暴，所以她控訴芝商所的案件引起媒體的全面關注。不過，期貨市場和股票市場的基礎結構完全不同，芝商所一派很快就點出，路易士在書中所列出的許多結構上的問題，都不符合真實狀況。例如美國企業的股票在很多地方都可以買賣，但多數期貨，包括 E-mini，就只能在一間交易所中買賣。因此，路易士筆下許多假設情境，像是有侵略性的演算法等著委託單在一間交易所成交之後就立刻衝到下一間，都不可能發生在期貨市場。

不過，芝商所集團總裁泰瑞・達菲儘管大聲堅持他的市場不會被系統化的超前交易破壞，事實卻是從 2006 年到

2013 年，高頻交易在美國期貨市場的比例從 30% 飆升到超過 60%，這就很讓人納悶了：如果高頻交易沒有優勢，他們在那裡幹什麼？

根據《聯邦民事訴訟法》第九條第二項，在美國提出詐欺案的原告必須要「提供案件根據的細節」，這門檻比其他罪行要高，所以芝商所在 5 月便提議撤銷此案，因為這案子實在太模糊了。法官還沒有裁定，德西娃便要求重新提案，並開始聯繫其他可以幫她強化立論的律師，包括商品交易律師先鋒克里斯・洛韋爾（Chris Lovell），他協助受到價格操縱或壟斷的受害人，提出民事賠償。洛韋爾和他的同事已經成功地告贏了幾間交易所，他們雖然覺得德西娃的訴狀很薄弱，但看得出控告芝商所的價值所在，所以在和原告談過，自己也進行過研究之後，便同意協助德西娃重寫起訴書。

白麵包、飛彈和其他人認為，高頻交易公司從芝商所集團得到了已知和未知的優勢，而芝商所集團則靠著交易量收取費用，自然希望交易量愈高愈好；原告的難題是，能點出這點的資料都被芝商所嚴密保護著。如果他們能說服法官其中有隱情，就能強迫交易所提出證據作為審判前的準備。洛韋爾認為，要提高勝率就必須收集所有公開領域中能夠找得到的資訊，構成有說服力的案件。

經過修改後的起訴書，以《華爾街日報》在 2013 年 5 月刊登的〈高頻交易員鑽漏洞〉一文為基礎，這篇文章透露出

高頻交易公司付費直接連上芝商所的伺服器後，就能在交易進入公開紀錄前幾毫秒，確認市場的走向。「如果原油在芝商所以 90 美元成交，一家公司可以下 1 口 90.03 美元的賣單和 89.97 美元的買單。」《華爾街日報》在文中點出這個漏洞的用途，「如果賣單忽然成交了，這家公司的電腦就會偵測到油價在上漲。這些電腦可以瞬間多買幾口，而其他交易員根本對他們的第一步都毫不知情。」《華爾街日報》表示這個「時間差漏洞」是高頻交易產業公開的祕密，全球最大的高頻交易公司跳躍交易和 DRW 交易也都承認自己在鑽這個漏洞。沃途金融內部「熟悉這種思維的人」說，這其實對市場很好，因為能增加流動性。這當然對沃途金融很好，這家公司在 2014 年掛牌上市的招股說明書中曾經公開，截至 2014 年 2 月為止，該公司在 5 年內的 1,238 個營業日裡，只有過 1 天的虧損。

芝商所集團承諾縮小差距，並表示只要能支付 7 萬 5 千美元的月租金，每個人都可以直接連上伺服器，但原告堅持高頻交易公司獲得的優勢不只速度而已。他們引述祕密證人的話，指稱芝商所和特選企業達成「機密」的收費合約，大幅降低他們的交易費用，比大多數參與者還要優惠，造成了「雙層市場」。芝商所在網站上公開結算費用的細節，可是也願意私下協商出「優惠」方案，價值非常高；而且根據原告表示，這容易造成利益衝突，因為交易所有些最大的客戶

是由交易所董事所經營的。芝商所則表示，這些合約對刺激市場的流動性非常重要。不過起訴書裡還引述了《彭博商業週刊》的一篇文章，表示這些優惠只存在於全世界最繁忙的幾個市場裡，這就像是建議參觀時代廣場的觀光客都要付門票一樣。

最後，布拉曼等人聲稱，芝商所集團放任操縱市場和干擾市場的交易行為，而這些劣行，如沖洗交易和幌騙，對高頻交易公司「是不可或缺的」。沖洗交易是指把證券賣給自己，以影響市場或累積交易量，這樣就能獲得折扣。這種方式在 2013 年已經氾濫到令期管會開始調查。交易所表面上支持政府取締，但客戶若增加買賣的量，他們可以賺更多錢，所以他們其實沒什麼強制勸導的動機；而既然多數高頻交易公司都有很多帳戶，也沒辦法杜絕他們用自己的帳戶進行交易，他們只會說那是無關的交易策略。至於幌騙，儘管修法了，但沒有證據能顯示幌騙的情形有在減少。當時，每 100 筆 E-mini 的委託單裡，有 95 筆會取消，根據原告表示，這現象造成了「錯誤的印象，讓其他交易者誤會供需實況」。得到制裁的人很少，就算是連續觸法的人也能逃過數萬美元的罰款。

修改過的起訴書在 7 月 22 日提出，力道大了很多。這一次，原告代表了 2005 至 2014 年間所有買賣過期貨或付費給芝商所的人，幾乎囊括了全美所有金融機構、農業和食品供

應商；他們不只要求芝商所賠償他們損失的一切，還要徹底
瓦解整個高頻交易產業。起訴書第一段就是出征的號令：

　　在過去 10 年內，芝加哥衍生品市場與某些高頻交易公
司達成協議，破壞了市場的健全並操縱價格。眾多運用科技
的公司一般通稱為「高頻交易商」，他們和這些交易所利用
了訊息不對稱、祕密優惠協議和非法交易行為，創造了一個
不利於美國公眾和所有其他期貨市場參與者的雙層市場。同
時，他們持續向公眾和監管機構表示他們將繼續為全球市場
提供透明和公平的交易市場。實際上，交易所被告提供高頻
交易商的優勢，創造了一種「零和」的交易環境——大眾的
損失就是高頻交易商的利益，讓高頻交易商有機會從每一筆
期貨交易中牟取不當的利潤。

· · ·

　　在 4,000 英里之外，納凡德‧薩勞讀完了起訴書，覺得
自己非常清白。在那 59 頁的文件中，清楚寫下了他懷疑許久
又始終無法證明的事情：祕密合約、超前交易、速度競賽、
業界規模的價格操作。期管會那時又寄了一封信給他，這次
透過英國監管機構請他自願參加訪談。市場從上到下吵成一
團，怎麼還會有人想批評**他**？這幾年來，薩勞製作了許多市

場的影片，想要抓到對手作弊的證據。現在他在硬碟裡裝滿了影片，搭配自己的感嘆和評論。他想把這些素材寄給控告芝商所的那群人，甚至想要加入他們的集體訴訟案，但他諮詢了顧問之後，決定還是低調一點比較好。可是針對高頻交易產業的批評，讓他對自己的處境產生了前所未有的信心，所以在 5 月 29 日，他雖然沒答應接受訪談，但終於回信給監管機關。

他在信中寫著：

你們想知道我怎麼交易，還有我建議市場要怎麼做才能更公平、更有效率？以下是我的回覆。

我是老派的自營交易員，但現在都還在點滑鼠操盤。這就是我交易的方式，我一直用這種方式交易，我承認我速度非常非常快，因為我的反射神經一直很強，而且我做事情就是快……我的念頭也非常非常快，前一秒我想要買限價 2,000 口，下一秒我可能改變主意，決定離開了……這就是為什麼我交易的方式很獨特……為什麼我會改變想法？嗯，原因很多，或許是我觀察的市場裡面有變化，有張圖表讓我想起來在過去 11 年的操盤經驗中也看過類似的現象，或可能就是我自己懷疑我的部位，或通常就是我的直覺。

薩勞接下來介紹他自己是：

一個從英國操盤的人，我的系統比（高頻交易公司的）委託單要慢很多，因為必須旅行千里，速度遠比不上美國的那些人。難怪他們可以在我的訂單之上操縱，而且還沒有風險……我不喜歡高頻交易的戰場，也曾經多次向交易所抗議他們操縱的行為，請禁止這種做法。

被問到他的系統時，薩勞寫道：

我用基礎的交易科技系統很多年了。因為標普 E-mini 裡面，很多人似乎都能夠清楚地知道**我每一筆訂單在哪裡等待**……我決定要付費給尖端金融科技，為我打造一套軟體，讓我能更有效地隱藏我的委託單……我不知道這算不算高頻交易，對我來說這只是讓我可以掌握更多功能……這套工具叫作「納凡德交易員」，但叫其他名字也可以，我是唯一協助設計的人，不過我的設計想法百分之百來自我觀察其他交易員的做法……

薩勞接著說明排隊、冰山、奇襲等方式，他說最後一項功能「奇襲」：

效果非常好，尤其是 1 月 24 日星期五大約下午 12 點 23 分，標普 E-mini 的價格被操縱到 1,800.00 的時候。

　　介紹到讓他可以在現價以外的價格點大量下單的分層出價演算法時，薩勞說：

　　這是爲了捕捉市場忽上忽下的走勢，這樣我就可以在市場回歸的時候（幾乎馬上）賺取一點利潤。這些委託單我很少下，只有在我覺得市場特別疲軟或強勢的時候才會用。

　　薩勞寫出來的這一切其實描述得很正確，不過他刻意省略了一些重點。他完全沒提到「重新排隊」的功能——每次有新的委託單，他的委託單就會排到最後面。還有他說他**難得**使用分層出價演算法，但這並不符合他幾乎每天使用的事實，而且演算法所下的委託單裡面真正成交的不到1%。他所謂的「大型操縱者」是伊格·奧斯塔徹——就算是在敷衍政府機關，薩勞也忍不住要落井下石。整封信的重點在於，他的操盤行爲如果看起來有可疑的地方，那都是因爲他優柔寡斷，卻也反應敏捷。他完全無視大西洋另一端漸增的力量，很樂觀地在信末寫下：

　　我希望有提供了充足的資訊，並幫上你們的忙。
　　祝一切都好

　　　　　　　　　　　　　　　　　　　　　納凡德

Chapter 20

心戰遊戲

. . . .

　　潔西卡・賀瑞思和同事在期管會承受極大的時間壓力，閃電崩盤已經過了 4 年多，而追訴時效是 5 年，這表示他們如果要指控納凡德・薩勞當天的行為，動作就要快一點。薩勞當然還在繼續操盤，但他 2010 年 5 月 6 日那天的活動吸引了吳明士的注意，期管會很清楚是納凡德・薩勞與股災的關係，讓操縱市場的行為演變成災難片。調查小組收集了所有可用的訊息，但證據看起來仍然很薄弱。除了賀瑞思準備的交易紀錄外，他們還掌握了薩勞傳給經紀人的可疑訊息，還有芝商所要求他以善意進行交易後，所得到的暴躁回信。他們建立了一個很可信的案件，但沒人有把握能符合民事案件裡「提出充分證據」的標準。當賀瑞思的老闆查克・馬文在 2014 年春季高升的時候，他終於鬆了一口氣，把這個案件交給堪薩斯州的資深檢察官傑夫・勒里胥。

　　勒里胥在密蘇里州的鄉下小鎮長大，對科學和太空很著

迷，最喜歡看天文學家卡爾‧薩根和史蒂芬‧霍金的書。他
大學時主修化學，但後來發現自己不是當化學家的料，就轉
去法學院了。他在私人事務所工作了一陣子，小孩出生後就
加入了期管會，這樣就能多花點時間在家。當電子交易大爆
發，市場愈來愈大也愈來愈複雜的時候，他統計分析與數據
專長的背景就脫穎而出了。他和賀瑞思一樣，發現自己炙手
可熱。

　　期管會一直很擔心納凡德‧薩勞的操作方式和高頻交
易太過複雜，外行人會聽不懂；而評審團如果沒辦法理解，
自然就不會願意譴責他的罪行。爲了要簡化溝通，勒里胥聘
請加州大學柏克萊分校的財金教授泰瑞‧亨德蕭特（Terry
Hendershott）來當專家證人。亨德蕭特最主要的工作，就
是分析納凡德‧薩勞火藥庫裡最直白的武器──他和交易科
技的哈吉共同開發出來的分層出價演算法。亨德蕭特教授在
2010 至 2014 年間，挑選出 12 天作爲樣本，檢視納凡德‧薩
勞操作演算法的方式，並總結說他符合幌騙的特徵。演算法
下的委託單都很大，而且幾乎不會成交，很可能對價格有「統
計分析上看起來很顯著」的衝擊──1,000 口的委託單會影響
0.3 個基點。亨德蕭特教授發現，在交易委託簿裡面分層出價
或許是出於正當的理由，像是要造市或是爲其他部位避險，
但納凡德‧薩勞的交易行爲裡完全沒有這類特徵。他在報告
裡總結：「根據以上分析和我的經驗，這套分層出價演算法

的大量委託單是經過設計，刻意不要執行，而且可以清楚看到使用者也不打算要執行這些委託單。」關於閃電崩盤，他則相當謹慎。期管會希望亨德蕭特教授把當天的事件和納凡德·薩勞掛勾在一起，但教授擋住了壓力，只願意頗迂迴地註記說：「分層出價演算法**造成**交易委託簿失衡和**監管人員所描述的**市場情況，導致閃電崩盤前的流動性惡化。」

找知名財金教授來證實納凡德·薩勞的交易方式符合幌騙的特徵很有用，但調查過程中還是有很多黑洞，特別是沒有明確的證據來證實納凡德·薩勞的犯意。調查小組想請納凡德在英國自願接受面談也沒有進展，因為期管會沒有法律權力可以取得他的通訊方式。直到 2014 年 6 月，執法部門來了個新主管，才終於有了突破。艾坦·高曼（Aitan Goelman）的脾氣不太好，他以前是紐約南區聯邦地方法院的檢察官，在奧克拉荷馬市爆炸案起訴兇手提莫西·麥克維（Timothy McVeigh）後聲名大噪。高曼知道堪薩斯市的這個案子後，就提議詢問司法部是否願意合作。期管會那時和司法部聯合辦理「倫敦銀行同業拆款利率」醜聞，這樁調查案耗時多年、規模龐大，就是要知道誰在華爾街操縱利率，高曼很清楚司法部門的權力有多好用。這時，違反《商品交易法》的行為很少以重罪起訴，但全世界都還能感覺到閃電崩盤的餘震。「我想要把真正的罪犯關進牢裡，產生威懾效果。」高曼表示，「這比罰錢或發出禁止商業欺詐行為的通

知有效得多了。」期管會的權責確實頂多只有高曼第二句話中所說的程度而已。

　　美國犯罪司法體系將全美劃分為 93 個司法區，並在各區設立聯邦檢察官辦公室，另外還有華府的總部，高曼思考著該找誰一起辦案。他可以選擇老地方，也就是紐約南區聯邦地方法院，就在曼哈頓鬧區，那是電視影集《金錢戰爭》的背景，最大宗的白領罪犯通常都送到那裡偵辦；他也可以選擇位處期貨的心臟地帶、伊利諾州的北區聯邦地方法院，該院當時正在辦理第一椿幌騙犯罪案，起訴來自紐澤西的前任營業員麥克‧寇西亞（Michael Coscia）。最後，高曼聯絡了他在法學院和紐約南區的老朋友，後者此時正在總部的詐欺科擔任主管。兩人年輕時曾經一起辦過幫派案件，當高曼向他說明薩勞的案子，他就答應派最優秀的手下來看看。

　　在司法部接棒的檢察官就是布蘭特‧威柏和麥克‧歐尼爾，之後他們將會待在豪恩斯洛的麥當勞裡，等著逮捕納凡德‧薩勞。威柏之前也在紐約南區地院待過，他在肯塔基州長大，非常喜歡鄉村音樂，特別是強尼‧凱許。他帶著美國搖滾歌手巴迪‧霍利風格的眼鏡，動作很慢但井井有條。調查期間要成案、提出指控的壓力愈來愈大，但他有一種鎮定且從容的氣質，讓人很喜歡。他的搭檔歐尼爾則是詐欺科的菜鳥，他留著完美的貝克漢頭，除了以優異的成績從哈佛法學院畢業之外，還有童子軍的衝勁和決心。他們經過幾次電

話會議了解案情之後，就飛到芝加哥和期管會的同仁一起聽取吳明士的簡報。吳明士的歐洲工程師負責控制簡報軟體，他雖然沒有說很多話，但是因為表情激動，所以被戲稱為「瘋眼」。那趟差旅結束時，司法部已經很相信納凡德‧薩勞在大規模地操縱價格，但也很擔心沒有證據可以證實他的犯意──對於刑事當局來說這點更為重要，因為他們必須證明這個案件能夠排除合理懷疑。幸好，他們還有一些期管會沒有的資源。司法部的調查組織是聯邦調查局，威柏在芝加哥找了一名調查人員一起申請搜索令，讓他們可以取得薩勞的私人電子郵件內容。當法官簽名允許了以後，他們就盯著日曆等著搜索的結果。

‧ ‧ ‧

　　納凡德‧薩勞打電話給稅務大師布萊恩‧哈維，但一反常態地心情鬱悶。從數字看起來，他是個很富有的人，可是他打造的王國變得像拜占庭帝國一樣，既複雜又難處理，這開始讓他很焦慮，而且他擔心他的顧問可能──以他的話來說──太過隨便。薩勞花 1,500 萬美元成立克蘭伍控股有限公司，至今已經兩年了，卻連一塊可以用來發電的土地都沒談攏，但這段期間以來，這家公司已經燒掉了 300 萬美元。馬丁‧戴維是個暴躁又易怒的蘇格蘭人，他付自己六位數的

薪水，但他在另外一家風力公司也是執行長。剛開始，薩勞
保持著距離，幾乎不參加每月的聚會，也不會審視預算。不
過，當他開始檢視開銷時，就忍不住生氣了。薩勞的基金不
但要支付愛丁堡的辦公室，麥金儂和杜朋還以得要花時間管
理蘇格蘭風力能源公司為由，每個月向克蘭伍收取 3,000 美
元，以支付他們在伯克利廣場的辦公室租金。此外，克蘭伍
還要為一間風景如畫的蘇格蘭高爾夫俱樂部支付企業會員會
費，戴維說這是為了要建立人脈。

　　哈維和圍繞在薩勞身邊的人不一樣，他為專業服務收了
一筆費用，薩勞要怎麼投資自己的錢和他沒有關係。他 2011
年協助薩勞在開曼群島建立了複雜的結構後，為薩勞省了
1,000 萬美元的稅金；過了幾年，開曼群島的政府態度生變，
他又協助薩勞將境外公司遷到英國皇家屬地根西島。那陣子
薩勞常常打電話尋求哈維的建議，或只是單純聊聊天。哈維
有 4 個孩子，年紀都沒大薩勞多少，所以他愈來愈想保護這
個容易受影響的年輕客戶。他數度提醒薩勞不要接受投資提
案，如果有些投資方案聽起來美好到不像真的，那可能就不
是真的。當薩勞覺得喘不過氣，他就會問哈維願不願意替他
管理企業王國。薩勞骨子裡就是個交易員，這些事情讓他分
心，只會讓他無法發揮全力。但哈維很客氣地拒絕了，他說
這超過他的能力範圍，而且他就要退休了，只想慢下腳步。
在掛電話前，他請薩勞把他的牢騷直接跟麥金儂和杜朋說，

並盡量簡化這些事務。

　　當薩勞終於鼓起勇氣質詢麥金儂和杜朋時，他們說那是因為蘇格蘭的獨立公投即將舉行，所以很難讓當地地主做決定，他們保證公投之後一切就會好轉。關於租金的爭議，他們願意償還 6 萬美元，並讓他飛到愛丁堡去和戴維與他的團隊相處。薩勞很少前往鄉間，他在兜風的時候曾經往窗外一看然後驚呼：「哇靠，那是什麼……臥槽，是羊耶！」這趟旅程的高潮是高爾夫球場，他們打得沒完沒了，因為薩勞的球只會輕輕向前滾，他的球友只能露出僵硬的微笑。過了幾個月，他們的關係修復了以後，麥金儂和杜朋又介紹了另一個投資機會，那是他們在蔚藍海岸的商務聯誼會中聽到的。薩勞不但沒有和這兩個金融顧問切斷關係，反而還一頭栽進新的冒險裡。

* * *

　　達米安・歐布萊恩（Damien O'Brien）身高 193 公分，綁著馬尾，給人感覺像是年輕的史蒂芬・席格。和麥金儂與杜朋兩人見面的那一天，約在海濱餐廳，歐布萊恩穿著白色長褲，繫上特大的愛馬仕皮帶扣，搭配粉紅色上衣和古馳的樂福鞋。他一到餐廳就為這熱鬧的聚會點了一打香檳。歐布萊恩來自愛爾蘭家族，他把閒置的屋頂分租給電信公司賺進

第一桶金，後來他搬到曼徹斯特，與專業足球迷來往，這讓他得到了致富的靈感：足球界的眞人選秀節目。這個節目先是叫作《足球偶像》，後來改名爲《足球界的明日之星》，讓所有具備天賦但沒有完全發揮實力的球員，能獲得最後一次加入頂尖球團的機會。福斯電視台非常中意這個節目，後來在全世界複製節目形式，讓歐布萊恩擁有穩定的收入。他灑錢的態度幾近病態，搬進了葡萄牙足球明星 C 羅住過的豪宅，房子裡面還有 C 羅的標誌「CR7」。這時他正在爲進入線上電競的領域尋找投資人。

　　歐布萊恩要創建的新事業，結合了薩勞的兩個興趣：市場和賭博。這個愛爾蘭人成立了「經典全世界博奕」，讓玩家可以賭貨幣和證券的走勢，介面就像網路賭場，有俄羅斯輪盤和按鈕，只是用「更高」和「更低」取代紅色和黑色。「新聞和報紙上都可以看到金融市場，這是現代日常生活的一部分，」提案簡報裡寫著，「不過參與市場感覺很可怕，僅限於有經驗的數字精靈，得要看無數的試算表，又有經紀人，要負擔服務費和各種開銷，還有潛在的鉅額損失。如果能『賭』金價會不會上漲，或是倫敦金融時報 100 指數會落在哪裡，這不是很好嗎？」這套專利軟體稱爲「心戰遊戲」（MIND Games），是「判斷被市場影響的數字遊戲」（Market Influenced Number Determination Games）的簡稱。協助賭徒戒賭的匿名互助協會可能不會很高興，但這公司確實前景可

觀。據歐布萊恩預測,該公司在 3 年內現金餘額就能有 1.75
億美元。他還吸引了很多大人物的加入,包括歐洲博彩巨頭
立博公司的前任執行長和一名高等法院法官。

　　薩勞立刻喜歡上歐布萊恩,他愛熱鬧、樂天、開懷,而
且在人群中相當活躍。他和薩勞一樣出身卑微,有自己的生
活原則;不同的是,他走到哪都是焦點,他好幾個晚上都帶
薩勞去倫敦的夜店,認識出手闊綽的朋友。他們才剛認識沒
有多久,世界盃足球賽就在巴西開打了,薩勞停下工作,沉
浸在足球賽的氣氛裡 —— 他每隔 4 年都會殷切地期待這項賽
事,甚至還買了一座複製的雷米金盃。歐布萊恩在俯瞰著海
德公園的五星級旅館倫敦珀藝 45 酒店租了會議室,經典全
世界博奕公司的員工開完商務會議之後就可以在那裡觀看球
賽。歐布萊恩發現薩勞非常喜歡梅西,就送了他一雙裱框的
簽名靴,他說那是這位阿根廷超級巨星的親筆簽名。世足賽
進行到一半,2014 年 7 月 1 日,薩勞就投資了 380 萬美元到
經典全世界博奕公司,換取一點股份。歐布萊恩飢渴地說他
們要如何征服美國。那個星期,薩勞下注賭球賽,原本情勢
不利,結果反敗為勝,讓他可以對著這筆橫財樂開懷。

* * *

　　納凡德・薩勞的電子郵件內容在 2014 年聖誕節後抵達司

法部，大幅增加了這起案件的強度。這批素材分爲兩大類：
「交易」和「金錢」。薩勞在 2009 年寫信給交易科技的哈吉
並提出他的要求，希望能調整現成軟體；後來他又寫信感謝
這位工程師幫他打造出分層出價演算法；再之後他寫信給尖
端金融科技的基特胥‧沙卡，信中提到了開發更複雜的「納
凡德交易員」程式；這些訊息屬於第一類的「交易」。第二
類「金錢」則包含了各種文件和往來書信，提到薩勞操盤以
外的事務，包括他存了數百萬美元到益克錫和經典博奕，還
有哈維提供稅務建議的收費單。這些資料讓調查人員能看出
薩勞賺了多少錢，他又如何利用開曼群島這種避稅天堂來藏
錢。司法部把資料分享給勒里胥、賀瑞思和期管會的其他同
事。這兩個部門連夜加班整理證據，休息的時候就開玩笑幻
想著這案件未來肯定會拍成電影，屆時會是哪些明星來演他
們的角色。

　　檢察官很希望能夠讓納凡德‧薩勞用自己的話來描述他
用的演算法，這樣他就很難在證人席上隱瞞意圖了。他們也
掌握了一些寶貴的資訊，可以打動陪審團，像是納凡德‧薩
勞叫芝商所的人「去吃屎」。從他前陣子回覆期管會的信件
裡，可以看出他提供了不實的資訊和隱匿。另外，他多次向
芝商所舉報對手的劣行，點出許多市場裡的大問題，證明了
他知道什麼可以做、什麼不能做。

　　上述這些有力的證據，根本就是所有偵辦白領犯罪案件

的檢察官所夢寐以求的。不過,這個案子還是沒有任何引爆點,納凡德·薩勞沒有無意間在電子郵件中,承認自己刻意要操縱市場,或明確表示他知道自己做的事不合法,或許這太過奢求了。詐欺科還是指示聯邦調查局著手申請搜索令,這樣當他們去英國逮捕薩勞的時候,就能同時沒收他的電腦和其他財物。他們也開始確認英國監管機構和倫敦警察廳,是否能以急件支援這場海外行動,因為通常這個程序要花上好幾個月。

同時,檢察官也在考慮要用什麼罪名來起訴薩勞。這個決定很複雜,因為會影響到他們能不能成功讓薩勞受審。最主要的原因是,他們必須成功從英國引渡薩勞,才能讓他在美國受審;而國際法中有個「特定性條款」(Doctrine of Specialty),意指當事人只能因為被引渡的罪行受審。引渡理由寫好之後,只能減不能增,所以檢察官必須設法擴大範圍。最後,威柏、歐尼爾和其他同事,共列出了 22 條罪項,包含所有薩勞觸及的法令。首先是最普通的電信詐欺,這罪名的涵蓋範圍很廣,只要嫌疑人在知情的情況下,使用電子通信提供錯誤的資訊或承諾以獲取資金,就算犯了這條罪,也就是說,薩勞 5 年來在芝商所下的委託單都涵蓋在內。第2 到第 11 項是商品詐欺。第 12 到第 21 項則列出他涉嫌和企圖操縱市場的例子,這種瞬間就結束的犯罪行為以前都很難抓得到。最後一項罪名則是鐵證如山:在期管會公布了干擾

市場行為的詮釋指南後，薩勞在 2014 年 3 月仍進行了幌騙，
這也讓美國政府有機會在法庭內測試新的法條，而且又不會
把整個案子都扣在這個行為上。所有罪項最高可以對薩勞求
處 380 年徒刑。

　　當有關當局正緊鑼密鼓地要趕在 5 年的追訴期滿前起訴
薩勞時，他們發現薩勞又開始操盤了。雖然薩勞大部分的錢
都卡在投資項目裡，可是 2014 年 10 月，他在羅傑歐公司又
開了第二個經紀帳戶，存進 800 萬美元；他還聯絡了尖端金
融科技的沙卡，要進一步優化「納凡德交易員」。有關當局
知道他們得再加快動作了，期管會甚至提議要申請禁止令。

　　賀瑞思在整理證據卷宗的時候，再次覺得納凡德・薩
勞真的是個很不一樣的追查目標。那時，執法部門正在偵
辦另一個比較典型的連續詐欺犯安東尼・克拉奇（Anthony
Klatch），他謊稱自己的投資能力高強，挪用資金，把錢都
花在跑車和古柯鹼上；薩勞卻完全相反，他既沒有讓身邊的
人知道他的天賦，也從來不花賺來的錢。從司法部掌握的電
子郵件裡，可以稍微知道這個在螢幕後面的人過著什麼樣的
生活。他有時抱怨父母催他趕快結婚，有時像個青少年一樣
吹噓自己的女人緣；他提到父親得了糖尿病，身體愈來愈差
了；他會接受朋友的邀請去參加聚會，但是又在最後一刻反
悔。「辦這種案子的時候常常會這樣。」賀瑞思說，「你對
一個人先產生主見，但是在你看了他們的銀行對帳單、和他

們的同事聊過、讀完他們的電子郵件以後，一個真人的樣貌就出現了。有時候這很沉重。」

　　執法部門的新主管高曼，此時還必須考量政治因素。在調查過程中，期管會知道如果認定薩勞和閃電崩盤有關，會讓自己遭受批評。如今，他們就要準備執行逮捕任務了，這些議題就顯得更為重要。「你必須要做出決定。」高曼說，「是要保護期管會的名聲，不承認以前的疏漏，繼續裝聾作啞？還是不管事實帶你去哪裡，都堅持調查下去，即便最後可能會丟臉？」期管會的方向不變，但調查小組和高階主管之間進行了多次討論，要如何基於證據來描述薩勞的涉案，同時也要盡量避免在表面上和先前的調查有所衝突。他們還要考慮到聯合報告的另一個機構，也就是證管會。2015年年初，高曼和期管會的新任主席提姆·馬薩德（Tim Massad）一起主持遠距會議，出席的還有證管會主席瑪麗·喬·懷特（Mary Jo White）與她的執法部門主任安德魯·席瑞斯奈（Andrew Ceresney），他們一起討論接下來的發展。當高曼把證據一字攤開，證管會的人先是謝謝他所做的前情提要，然後又開玩笑地問期管會在搞什麼鬼，為什麼還要再開啓已經結案的舊檔案。

　　2015年2月11日，閃電崩盤後4年9個月又5天，威柏飛到芝加哥，帶著他從聯邦調查局徵招來的探員一起走進聯邦法院。他們把剛完成的起訴書交給法官，申請逮捕令。

法官在逮捕令上簽了名，這些文件在執法機關展開行動前都
不會公開。納凡德‧薩勞的人生已經結束了——只是他自己
還不知道。

　　　　　‧‧‧

　　自賈西亞 2006 年在蘇黎世橫空出世以來，他就一直想
要買銀行。瑞士有全世界最強的保密法規，所以對超級富豪
來說，擁有自己的金庫從裡面借錢更有效率，難怪這城市人
口才 40 萬，就有大約 400 家銀行分行。賈西亞在歷經幾次挫
折之後，認識了亞內爾銀行（Banca Arner）的老闆，這家私
人小銀行在 1984 年成立於瑞士的盧加諾市。自從義大利總理
西爾維奧‧貝魯斯柯尼（Silvio Berlusconi）在稅務詐欺案停
審期間，被發現在這家銀行藏了數千萬美元之後，他們的生
意就一蹶不振。所以賈西亞在 2014 年用幾百萬歐元就買到了
9.8％ 的股份，並說服委員會讓他收購剩下的股份。賈西亞引
用益克錫的經驗，說他想要讓亞內爾從一家沒人聽過的小銀
行，蛻變為金融發電站，讓全世界農產品都可以貨暢其流。6
月，亞內爾銀行在蘇黎世開了一間辦公室，賈西亞就開始招
募主管，並任命他太太葉卡特琳娜主責媒體公關。他還找到
了新的董事長——瑞士銀行圈的要角，來自瑞士私人銀行集
團貝爾家族的麥可‧貝爾（Michael Baer）。賈西亞希望透過

貝爾，可以在接收過程中和監管機構打好關係。

　　接下來的那個夏天，賈西亞到倫敦會見薩勞和益克錫的其他 6 名投資人，地點就在益克錫剛租下，俯瞰著皇家交易所的辦公室，距離笛福筆下的詐騙天堂交易巷（後來改名為「零錢巷」）僅 100 公尺遠。賈西亞對投資人說，因為摩根史坦利要賣掉瑞士的機構，而併購方對交易金融沒有興趣，所以他們必須把資金轉到亞內爾銀行。根據他的說法，這次的合約會有不同的架構──投資人不再是以個人的名義開戶，所有金額共計約 9,000 萬美元都會存進「益克錫交易帳戶」，然後再分配報酬；此外，這筆錢不再是「低風險」貿易中第三方的「保障措施」，現在會用來「直接」投資農產市場。賈西亞向大家保證，他們的錢會和過去一樣安全，並且要求他們做出選擇：願意把錢轉到亞內爾銀行的人可以獲得更高的利息，不願意的人就不能再繼續參加了。

　　3 年來，益克錫的投資人和介紹人每季都能準時無誤地拿錢。全球利率見底，很多投資都慘賠，他們卻看著自己的財富與日俱增。2012 年，辛度佳銀行被制裁的時候，他們轉帳到摩根史坦利，一點問題也沒有。所以當賈西亞說他們要再度轉帳的時候，沒有人有任何的猶豫。薩勞填好了文件，同意在 9 月轉 6,500 萬美元到亞內爾銀行。當他發現他還能將後來持續操盤所累積的幾百萬美元也存進去時，他連一微秒都沒遲疑。

　　才過了大概 10 年，今天連簽署幾百萬美元的合約，對納凡德‧薩勞而言也是再合理不過的事。他打造了自己的路，走到了這一步，放棄了金融世界裡傳統的成功之道，持續賺取大銀行交易員和避險基金經理人連做夢都想不到的鉅額收入，而這些人也身在倫敦，距離他才幾公里之遙。但是他的專注與執迷，讓他無視其他事務 —— 包括自己身處的危機。幾個星期後，當他忽然被爸爸叫醒，說樓下有警察時，夢想才終於破滅。

第三幕

ACT THREE

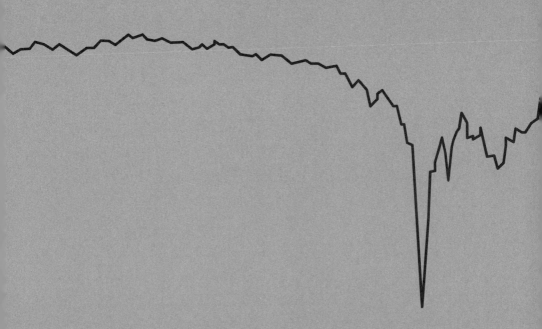

Chapter 21

納凡德，錢呢？

••••

　　2015 年 4 月 21 日，美國政府終於抵達豪恩斯洛，逮捕了納凡德・薩勞。後來他對調查人員說，其實他覺得鬆了一大口氣。12 年前，他剛進期易時，口袋裡只有一點錢，還在吹噓自己以後會賺到 10 億英鎊。總不會有人責怪他太過努力追求目標吧！但最近，各種壓力讓他快要喘不過氣來了：監管機構來函、生意夥伴提出無止盡的要求、操盤時愈來愈常一虧就是六位數。薩勞堅持自己沒做錯什麼事，但他感到很鬱悶。他的頭腦像個鐵盒一樣，往往不受情緒的影響，但是在這些壓力之下，他的腦子也撐不住了。當他從爸媽家走出來，戴著手銬，坐上一輛沒有任何標誌的警車，他至少可以在後座安慰自己，不管接下來發生什麼事，都不必被壓力追著跑了。

　　關了一晚之後，薩勞被帶到倫敦的西敏區治安法庭，那是一棟很現代也很冰冷的建築物，位於北倫敦貝克街和埃奇

韋爾路中間，這一帶很受觀光客喜愛。美國政府指控年輕的
英國交易員造成市場崩盤，損失上兆美元的新聞，占據了媒
體版面。到了上午 9 點 30 分，法院外頭擠滿了人。書記官一
開門，大約 40 名記者湧入，搶占聽審席的座位。其中一人穿
著米白色外套，棒球帽壓得低低地遮住眼睛，那是薩勞的父
親奈查塔。上午 10 點左右，法官請法警帶被告入席。當薩勞
拖著腳步進入被告席的時候，褪色的雀黃色上衣顯得獨樹一
格。他頹站在強化玻璃後面，看起來就像隻脆弱的小鳥。

　　薩勞聽著他被控告的各項罪名，拒絕美國司法部的引渡
請求，並小聲確認他的個人資訊，連法官都必須請他大聲一
點。薩勞的訴訟代理人是理查・伊甘（Richard Egan），他
所屬的塔克斯（Tuckers）事務所是因為剛好列在法律扶助的
執勤表上，所以才偶然接到這個案子。那天下午，各方同意
在 8 月中，也就是 4 個月後，召開引渡聽證會。「我想過去
這 24 小時可能讓你感到很受創。」法官裁定的交保條件是：
薩勞不能上網，每星期都必須到警察局報到三次，交保金額
則為 505 萬英鎊——也就是他在羅傑歐公司交易帳戶裡所有
的錢，再加上他父母要付的擔保金 5 萬英鎊，避免他逃亡。
只要繳交這筆錢，薩勞就可以回家了。

　　薩勞遭到逮捕的消息，很快地在認識他的人之間擴散
開來。琳恩・亞當森在家裡聽到廣播；邁爾斯・麥金儂要上
火車時接到記者來電；基特胥・沙卡在芝加哥，他朋友認出

了薩勞的名字就把文章轉寄給他；期易的老同事則在網路上分享黑歷史。彭博電視台的工作人員到沃金小鎮去採訪帕奧羅‧羅西，拍攝讓薩勞練出一身技能的交易廳。羅西說：「我一直相信納凡德會成為某種傳奇人物，以特別的方式史上留名。」（期易那幾天收到了如雪片般飛來的履歷。）威柏、歐尼爾和聯邦調查局的探員為了迴避法庭裡面責難的目光，和倫敦警察廳的人出去吃了頓飯，就飛回美國了。

　　薩勞在等待交保的時候，被關押在旺茲沃思監獄，那是泰晤士河南邊一棟狄更斯風格的大型堡壘。他以為自己只會待幾個小時，結果隔天律師來訪時說他們碰到了困難。原來薩勞被逮捕之前，美國期管會凍結了他的資產，禁止羅傑歐公司和所有非美國機構替他取得資金。律師說他的事務所正在設法處理這個問題，但短時間內薩勞必須繼續待在這裡。該監獄有大約 1,700 名囚犯，分散在 8 個區域，裡面有慣竊也有暴力性侵犯。許多人陷入和薩勞一樣的困境，可能還押候審或等著要送到其他監獄。這座監獄興建於 1851 年，禁片之王《發條橘子》有拍到它令人不安的灰石牆面，火車搶匪朗尼‧畢格斯（Ronnie Biggs）則在 1965 年由此地越獄。薩勞一天有 23 個小時被監禁在牢房裡，這個寬 180 公分、深 300 公分的小空間，只有一個馬桶、一張床、塑膠床墊和鐵窗。薩勞對光線和噪音都很敏感，又不知道自己要關多久，根本無法入睡。一個星期後，他穿著監獄發的灰色衣褲回到

法院，法官拒絕修改他的交保條件。隔週，同樣的事情再發生一遍，他被帶走的時候對著聽審席大喊：「我爲什麼要進監獄？我又沒做錯任何事，我只是很擅長做我的工作啊！」當天，是閃電崩盤 5 週年。

　　5 月初，薩勞被帶到監獄的會議室，會見羅傑・柏靈格（Roger Burlingame）。柏靈格以前是美國司法部高階檢察官，後來轉行擔任辯護律師，在倫敦找到新市場，有歐洲人涉入美國刑案就會委任他。柏靈格當時 45 歲，是高博—金律師事務所的合夥人，被請來打這場美國的法律戰，他沉穩的氣質能讓人卸下防備。他的第一項工作就是要讓薩勞出獄。柏靈格說，目前的問題在於，美國政府認爲薩勞有逃亡的風險。薩勞和美國沒有什麼關連，但根據期管會的計算，從2009 年以來，他在 E-mini 市場賺進 4,000 萬美元，這些錢大多數都放在境外，美國政府拿不到。如果這筆錢解凍，他又出獄了，要怎麼防止他人間蒸發？所以薩勞如果不是模仿畢格斯逃獄，他要離開這座監獄就只有以下幾條路：說服美國期管會解鎖他的資產；說服英國法官降低保釋金；或從其他地方拿出 500 萬英鎊。

　　在決定行動方案之前，柏靈格必須更了解薩勞的財務狀況。薩勞對他描述自己龐大的帝國，版圖包括曼島、瑞士、開曼群島，投資項目則有可再生能源、博奕、交易金融和保險。柏靈格得到所需資訊後，就開始聯絡薩勞的事業夥伴，

結果他們說所有錢都用來投資風力發電和線上博奕了，風力發電的資金困在銀行裡，他們沒有權限可以動用；線上博奕的部分，薩勞雖然擁有股份，可是經營團隊很燒錢，甚至在薩勞被逮捕的前一週才跟他又借了 100 萬英鎊。薩勞的境外公司雖然有點現金，可是臨時要取用的話就要付 3,000 萬美元的稅金。唯一能盡快取得資金的方法就是益克錫，從對帳單看來，薩勞在瑞士的亞內爾銀行裡放了 6,500 萬美元。

　　當賈西亞終於回電給柏靈格時，他說他很遺憾薩勞身陷困境，但是他愛莫能助，因為被嚴格的投資條款鎖住，薩勞最快要等到 2016 年 1 月才可領取。美國期管會的資產凍結令雖然在美國境外無法執行，但益克錫的董事決定在問題解決之前，停止付費給薩勞和他的介紹人。最後，賈西亞說，**或許**有可能提前一點釋出一部分薩勞的現金，但那也是 6 個月後的事，柏靈格開始擔心薩勞根本撐不了那麼久。

　　被關了 8 個星期之後，薩勞就快要崩潰了。睡眠嚴重不足的他用床單當作窗簾，想試著遮光，但卻擋不住可怕且持續不斷的監獄噪音。幾天前，他多了一個牢友，他們的床用塑膠屏風隔開，但相距不到 2 公尺。當他的牢友想上吊的時候，薩勞一直抱著他的雙腿任他又踢又蹬，直到警衛終於抵達。牢房以外的地方氣氛更是凶殘。獄友吸毒吸到昏過去，並且會互砸大便來抗議他們的待遇。薩勞只有在每星期參加保釋聽證會時，能暫時解脫，只是每次聽證會的結果都讓他

失望透頂。為了安定心神，他開始看哲學書籍。他最喜歡的
一本書是詹姆士‧雷德非的《聖境預言書》，主角在這個當
代預言中前往祕魯展開冒險，學到了重要的人生教訓，像是
累積物質財富根本是白費力氣等。

　　回到泰晤士河對岸的法院，薩勞的法律戰愈演愈烈。現
在，很明顯薩勞根本沒有可用資金來付保釋金，所以重點改
成請英國司法體系展現慈悲與憐憫。塔克斯事務所派出傑出
的大律師詹姆斯‧路易士（James Lewis）來處理接下來的引
渡聽證會，他在 5 月 20 日把案件送到高等法院，要求將保釋
金降低到只要他父母的那 5 萬英鎊就好，理由是納凡德‧薩
勞來自「關係緊密的家庭」，絕對不會危害全家的積蓄。但
法官不為所動，他表示 5 萬英鎊對一個獲利 4,000 萬美元的
人來說，「根本算不上什麼保證」，更何況薩勞無妻無子。
薩勞的財務狀況除了讓人感到困惑，還點出了一個複雜的問
題：當時已經有 6 名律師在負責這個案子的不同議題了，如
果錢被鎖住了，他們要怎麼拿到律師費？

　　被告律師團聘請了一位精神病學家，他和薩勞見面後，
確認後者在亞斯伯格症候群的量表上分數很高，顯示他有自
閉症的現象——社交困難、對興趣非常執迷，且對刺激相當
敏感。薩勞從來沒看過精神病學家，雖然這輩子一直有人說
他怪怪的，可是從來沒有人說他有特殊病症。劍橋大學在
2015 年的研究中發現，自閉症人格往往特別注意細節、很難

接納別人的觀點，在數學和科學的專業領域裡比較常見。

　　期管會的禁止令在 6 月到期，到時就會有聽證會，由法官決定是否要延長資產凍結令，到案件辦完再解凍。柏靈格知道薩勞的資產可能會被鎖上好幾年，所以打電話給期管會談判。期管會最在乎的是賠償，薩勞累積了幾千萬美元的資產，他們想確認如果薩勞被判有罪，他是否會償還從市場竊取來的每一分錢。柏靈格理解期管會的顧慮之後，提出新的建議。追查海外資產的過程很艱鉅，經常讓人感到洩氣，但高博—金事務所有經驗。如果期管會同意修改禁止令，解鎖薩勞的全球資產，那麼該事務所願意當獎金獵人，代表美國政府追蹤薩勞從市場劫掠的一分一毫，放入代管帳戶。第一筆存入的就是羅傑歐公司的 500 萬英鎊。柏靈格和他的團隊拿到這筆錢之後，先劃出 250 萬美元作為訴訟費和保釋需要的金額；如果總金額超過 3,000 萬美元，多餘的資金就會用來支付其他費用，包括薩勞的生活開銷。期管會同意協議，於是在 6 月 29 日修改了禁止令。

　　薩勞獲保的機會或許增加了，可是他的商業帝國正繼續崩解。經典全世界博奕公司總共拿了他 500 萬美元，應該在那年下半年上線，可是開發計畫落後，這時候公司聽到薩勞涉案的爭議，有個主要的投資人就決定不投資了，其他董事也紛紛求去。那時綁著馬尾的創辦人達米安・歐布萊恩，已經花錢請綜合格鬥巨星康納・麥葛瑞格拍攝了一支 60 秒的動

作片風格廣告，準備要在麥葛瑞格下一場賽事時，在拉斯維加斯的美高梅大酒店發表。結果盛大的發表會結束後才 1 個月，這家公司就被清算了。

「經典公司大有潛力，但是在投資人被逮捕之後就分崩離析了。」歐布萊恩說，「合夥人、銀行、企業主管都相繼離開。我盡力撐著，但沒有人想要和閃電崩盤的罪魁禍首沾上關係。我自己賠了 2,000 萬美元。但我喜歡納凡德，也祝他一切順利。」

與此同時，益克錫決定要終止**所有**開支，衝擊了所有依賴這筆錢的人。亞當森和薩維齊被電話轟炸，憤怒的投資人和介紹人不懂，為什麼納凡德・薩勞的法律問題會牽連到他們。風力發電公司克蘭伍還沒立起任何的風力發電機就停止運作了。麥金儂和杜朋愈來愈絕望，聘請律師逼賈西亞釋出資金，並且心不甘情不願地退掉伯克利廣場的辦公室。5 年來，他們寄生在薩勞身上，獲得財富與成功，現在則因為這段關係而有了汙點。

薩勞終於在 2015 年 8 月 14 日交保獲釋。法官同意將保釋金降到 5 萬英鎊，因為那時薩勞仍然沒有辦法動用任何資產。幾個星期後，他還要回來這裡打引渡的法律戰；在那之前，他只要待在倫敦外環高速公路的範圍內，配戴電子追蹤器，就能暫獲自由。在那個飄雨的下午，大批攝影師集結在一起，等著要捕捉「豪恩斯洛獵犬」上計程車的瞬間。納凡

德‧薩勞的頭髮長到外套的帽子都遮不住了，帽子一拉起來，
他就像個巫師一樣。

Chapter 22

釋放納凡德

. . . .

納凡德‧薩勞被逮捕的消息一經公布，就引起了強烈的反彈。社會對高頻交易的反感在《快閃大對決》出版後登上顛峰。納凡德‧薩勞案件裡的每一個元素，包括他卑微的出身、他對高頻交易的批評，以及美國政府無稽的指控，都好像精密儀器般，有效點燃了社會的怒火。時事評論員都還沒吸收起訴書的細節，就決定要和受迫害的薩勞站在同一陣線了。「西倫敦的小老弟在家裡用個人電腦搭配現成軟體，趁爸媽去謁師所的時候，就能顛覆整個美國股票市場，這想法也太荒唐了！」《金融時報》記者還說，「光憑直覺判斷就知道」，這個案子根本「一點道理都沒有」。幾天後，《紐約時報》刊登了哥倫比亞大學經濟學教授拉吉夫‧賽希（Rajiv Sethi）所寫的社論〈抓交易員來頂罪〉，賽希認為薩勞的戰術情有可原，在這個超前交易演算法橫行的世界，甚至值得嘉許。文章內提到：「如果監管人員和檢察官認真想要執行

《證券法》，就應該把重點放在破碎市場裡操作股票的最大戶，而不是獨立操盤的個人，他只是想愚弄演算法而已。」暢銷書作家麥可・路易士則在《彭博商業週刊》質疑：為什麼監管人員花了 5 年的時間才起訴薩勞？

對偵辦小組的成員來說，這些砲火都在意料之中，但是很煩人。這些撰稿人既懶惰又不做功課，而且報導內容還誤導讀者。沒錯，納凡德・薩勞住在他爸媽家，身穿運動褲，騎著小摩托車出門；可是他身價 7,000 萬美元，只要他想，就能買下任何豪宅。還有，沒錯，他是在臥室裡面操盤，網路速度偏慢，可是長期以來他一直是全球前五大的 E-mini 交易員，交易量遠超過多數大銀行和避險基金。這些機構比任何人都更清楚這案件看起來有多違和，可是這不代表那不是真的；大家不接受他們努力的結果，只因為這案子讓人**感覺**不太對，這就讓人很惱火了。最常見的說法是，監管機關把薩勞當成「代罪羔羊」，要輕鬆結案；但這太搞笑了，他們可是很努力才說服上級重新開啟一個早就了結的案子。

不過，這幾個機構確實是自己把日子搞得很難過的。在逮捕薩勞之後，期管會和司法部密切討論過要把多少重點放在閃電崩盤上。有些人認為，沒有必要把發生在 2010 年 5 月 6 日的事件怪在薩勞頭上，那樣會增加風險，削弱整個案件的力量，尤其「干擾市場的交易行為」的相關規範是 2011 年才推出的；有些人則想要盡量強調薩勞和閃電崩盤的關係，

來加強力道。最後他們決定，要強調薩勞在閃電崩盤當天過量的幌騙行為，這起案件才說得過去。即便如此，他們還是得謹慎措詞。司法部的起訴書上說，薩勞的交易「如期管會與證管會的聯合報告所歸納的，造成交易委託簿失衡，這也是閃電崩盤的原因之一」，這個說法很難反駁。不過，這些細微字句層層堆疊的繁複說法後來都省了，因為司法部直接發了新聞稿，標題是「期貨交易員被控非法操縱股市，造成2010年5月市場『閃電崩盤』」。薩勞被稱為「閃電崩盤交易員」，接下來關於他究竟有罪或無罪的爭辯，就都只著重在閃電崩盤當天，而不考慮其他數百個操盤的日子。

　　檢察官忙著準備開庭，覺得媒體關注閃電崩盤只是餘興節目，但事實上，這對薩勞卻很重要。過去，幌騙或操縱市場的人都是進入民事訴訟，會有罰款和禁令，但這次美國政府決定以刑案來處理，嚴重性就高很多了。納凡德·薩勞是第一個被懷疑操縱市場而需要被引渡的人，某些罪項最重可以判處20年徒刑。假設這個差別待遇是因為薩勞導致了市場崩潰，那就必須判斷這個主張究竟是否正確。曾經參與調查案的一位期管會前任員工認為，期管會決定要把股災怪到薩勞頭上很不明智。「我和其他人聊過，我們都不懂為什麼他們要這樣主張。」他說，「他們應該知道這樣會增加風險，因為他們永遠沒有辦法證明。這看起來就是在譁眾取寵。」他的評論也反映出閃電崩盤報告書的原作者和薩勞案的調查

員之間的裂痕。在 2010 年主導研究的安德烈‧基里連科，不認爲薩勞和閃電崩盤有任何關連。他對《華爾街日報》說，薩勞的分層出價演算法對市場的影響「從統計看來微乎其微」，並指出這個交易員的程式在 E-mini 探底的時候根本就關著。其他人則承認系統有瑕疵。期管會主席根斯勒成立了委員會，並監督第一場質詢，康乃爾大學商學院教授瑪琳‧奧哈拉（Maureen O'Hara）是委員之一，她說：「今日，市場操縱不只和交易有關，和委託單也有關。」

對市場微結構有興趣的學者則認爲，薩勞的案件再度點燃了進行已久的爭論：沒有成交的委託單，包括幌騙的手段，到底對價格造成多少衝擊？休士頓大學商學院教授克雷格‧皮龍（Craig Pirrong）以筆名「實務派教授」在部落格發表文章，表示加州大學柏克萊分校的財金教授及本案的專家證人泰瑞‧亨德蕭特，已經說明了薩勞的交易方式和價格沒什麼關係，這個論點會削弱期管會的案子。「沒錯，薩勞的做法顯然很狡猾，但是要說他幌騙和分層出價，只是乍看之下有理而已。」他在文中寫下，「而且在政府請專家所評估薩勞所造成的影響，以及他被起訴所求處的刑期之間，這兩者差距實在是太懸殊了，簡直是暴虐。」在 2016 年 1 月薩勞引渡聽證會前一晚見報的〈閃電崩盤：新解構〉一文中，作者群艾瑞克‧艾卓奇（Eric M. Aldrich）、喬瑟夫‧格倫菲斯特（Joseph Grundfest）和葛瑞格里‧勞夫林（Gregory

Laughlin）也抱持同樣的看法。他們在每毫秒、每毫秒地分析 E-mini 和標普 500 的交易數據後，結論說 2010 年 5 月 6 日的事件，是肇因於「當時的市場狀況，加上（沃德爾一里德金融）放入大量賣單導致流動性異位」，這說法也符合基里連科的論點。至於薩勞，他們則認為他和市場保持距離的幌騙委託單，導致 E-mini 的價格在 2 分鐘下跌了 0.324 個基點，但市場卻在美國中部時間下午 1 點 45 分前，也就是在 5 分鐘內，跌了 500 個基點。因此，他們認為：「納凡德‧薩勞的幌騙委託單就算不合法，也不太可能像美國政府所說的那樣，造成閃電崩盤；他的幌騙行為也無法預料到會產生崩盤的結果。」

　　幌騙規範生效後過了 4 年，這種行為到底有沒有像政府說的那麼可憎？這類問題又被提了出來。身價超過 40 億美元的知名能源交易員與避險基金經理人約翰‧阿諾德（John Arnold）在《彭博商業週刊》發表文章指出，幌騙在電子時代中確實是反制高頻交易公司超前交易的必要手段。「超前交易的公司會探測老實的市場參與者有哪些投資決定，然後跳到前面，從中獲利，導致其他人用比較差的價格買賣。」阿諾德寫道，「但若有幌騙的人穿插其中，情況就不一樣了：當超前交易的高頻交易演算法搶在幌騙委託單前面時，他們就被騙了，因此賠錢……忽然間，超前交易的人要面對真正的市場風險，做出理性選擇，而非一直插隊。」阿諾德

推測，幌騙行為唯一的受害者，就是超前交易的高頻交易公司，而他們的「策略會傷害市場裡的所有人」。有些人不同意這種看法，如演算法交易公司的老闆奇普·羅吉斯（Kipp Rogers），便在部落格「機械市場」中指出，不管身處哪個時區，所有交易最終都要運用數據來預測未來；說哪個特別擅長此道的公司是在超前插隊，那「完全是誤用詞彙」。阿諾德認為：只有高頻交易公司才會被幌騙衝擊；羅吉斯則反駁說：市場健全是所有參與者共同的利益。

在獨立操盤的圈子裡，薩勞的名聲和他是否導致閃電崩盤無關，和幌騙有沒有道德上的瑕疵也無關。對於日漸稀少的當沖交易員大軍來說，納凡德·薩勞就是神，這個孤僻的交易員單挑機器，而且贏得勝利。多年來，炒短線的投機客被「高頻交易宅」和華爾街交易員壓榨，他們夾帶著強大的優勢和資源，現在有個人以家用電腦就找到了回擊的方式，羞辱他們。誰在乎他的行為合不合法？納凡德·薩勞就是個搖滾天王！「老實說，我覺得涉案的這個人是操盤英雄，啟發了我們所有人。」有人在論壇裡面寫著，「一想到他 10 年前每次交易 1 口，現在卻是全世界最大的標普交易商，用的還是……任何人都可以買到的電腦、都能找到的經紀人……這是我們所有人的夢想。」

「這行一直是壁壘分明的，」以前在期易操盤，現在則用「交易員但丁」名號提供操盤訓練的湯姆·但丁（Tom

Dante）說，「所以他們追緝一個挑戰高頻交易的人，感覺完全不公平。」薩勞被逮捕的第二天，推特上就出現「＃釋放納凡德」（#freenav）的主題標籤了；那個星期，也有人在網路上發起請願，抗議薩勞的引渡案，有人說：「他就像伽利略。」過去也在期易操盤過的亞歷克斯·海伍德（Alex Haywood），這時經營自己的共享空間「價值期貨」，他表示：「要成功到這個地步是很罕見的，這需要很多的努力和天賦。當一個素人做到這點，隨即又被奪走一切，這讓我開始質疑這個產業是否有誠信。身為交易員，我們都感到很難過，因為這表示業界有個很清楚的階層，而自營交易員處在最底層。」

對檢察官來說，他們在報章媒體上遭受的抨擊其實很有用，這讓他們可以推知自己在法庭上要怎麼準備。他們在會議中朗讀部落格的文章，擬定擋下這類批評的策略。不過，沒有人可以不受到這個案件的道德複雜面所影響，而且他們聽說薩勞在牢裡過得很苦，又進行了精神診斷，於是決定暫停一下。交易員既然犯了法，就會有受害者，期管會和司法部想要找潛在的受害者，所以拜訪了全世界最大、最賺錢的高頻交易公司。他們在宮殿般的摩天大廈會見了一位特別惹人厭的年輕百萬富翁，眼看他穿著夾腳拖和夏威夷衫前來開會，連他們都忍不住開自己的玩笑：「呃，這就是我們的受害者？」

　　其中有個人意志堅定，觀點從來沒有動搖過，那就是吳明士。他實在無法理解，為什麼這樁案件會牽扯出愈來愈多的雜耍馬戲。「從我的觀點來看，要理解這起事件最大的問題在於，大家都很執迷地想要找到單一的起因；」他說，「有人相信他造成崩盤，有人覺得他沒有，然而我覺得這都很荒謬。市場是個非常複雜的系統，重點應該是成員之間的交互連動，但每個人卻都只想知道釜底抽薪的是誰。」當吳明士被問到，得知薩勞的身分後，對他的能耐有沒有感到一絲佩服時，吳明士回覆道：「我覺得這個問題很奇怪，你竟然問我會不會『勉強佩服』一個進行大規模詐欺的人？不，我不會。我一點也不敬佩任何從其他市場參與者手中把錢偷走的人。不管他們有多聰明，不管他們覺得自己有什麼理由。納凡德·薩勞的目標不是高頻交易員。他不是市場的受害者。他偷走**所有**市場參與者的錢，不分對象。他用常見的作弊方法盡可能地撈錢。他的『天才』之處，在於他無所畏懼，而且相信他永遠不必面對後果。這讓他可以大規模地以超大金額，在很長的一段時間內持續作弊。部位和交易量是他成功的方法。我不知道他是不是和羅賓漢一樣，把錢全都分出去接濟窮苦人家。但是為了自己而竊取他人的錢財，一點都不值得敬佩。」

Chapter 23

一切都成空

. . . .

　　納凡德·薩勞離開監獄之後，輕鬆找回了熟悉的作息。無法用錢對他的生活根本沒什麼影響，他白天就在院子裡陪哥哥的小孩打羽毛球、到附近的購物中心逛逛，或是去麥當勞。只要他想，就會參加老同學每週固定舉辦的足球賽。每個星期他都要騎單車到附近的警察局簽名報到。他花 200 英鎊給自己買了一輛藍寶堅尼的亮黃色單車，每次他問別人：「你喜歡我的藍寶堅尼嗎？」就覺得很逗趣。他的律師詹姆斯·路易士曾經幫西班牙政府順利引渡智利前獨裁者皮諾契特，有一天，路易士到薩勞家拜訪，要觀察他的模擬操盤。這時，薩勞深信一定是美國的大型高頻交易企業和司法部聯手，匿名舉發他，但他很樂觀地認為，等查清所有事實之後就能還他清白。但他的樂觀在 9 月 2 日受到了試煉，那天司法部公布了起訴書，裡面有大量毀滅性的新證據。

　　4 個月前，薩勞被逮捕後，期管會聯絡了吳明士的律師

5

謝恩・史蒂文森，因為案情有了非常奇怪的發展。吳明士的工程師——就是那個負責操作軟體協助吳明士的人，他很安靜，但被戲稱為「瘋眼」——想起他自己就曾經和薩勞通過電子郵件，他認為期管會應該看看內容，於是印出來送給他們。結果他們發現，在薩勞於 2009 年 1 月首度聯絡交易科技之前，就曾經雇用「瘋眼」幫他打造幌騙程式了。這樣的轉變令人難以置信：為吳明士打造辨識幌騙行為軟體的工程師，竟然曾經為進行幌騙的人開發過原型程式，而這個程式後來演化成「納凡德交易員」；他從未成功打造出讓薩勞滿意的系統，而且這個專案在幾個月後，沒有任何付費或收款就中斷了。薩勞當時在電子郵件中比較直率敢言，後來和其他工程師說話就婉轉得多了。在 2009 年 2 月 1 日的郵件中，薩勞說：「我做空的時候，就想要靠幌騙把價格壓下來。」2 月 24 日則寫下：「如果我一直輸入同一個數量，別人就會知道我在做什麼，這樣幌騙就沒效了。」2 月 27 日他寫道：「我一直想要打給你或寫信給你……我得知道你能不能做出我要的東西，因為現在我的幌騙單一直被成交，讓我虧了很多錢。」

　　期管會馬上打給司法部，讓他們知道這件事。證據居然會以這種方式出現，實在太不可思議了。他們之前搜索電子郵件的時候都沒有看到這些訊息，所以推測薩勞可能費心地處理掉了；然而現在這些訊息這麼直白，這麼**準確無誤**，這

證據簡直好到不像是真的。這些檢察官意識到可能會有利益衝突之後，先確保這位工程師不會因為吳明士領到舉發獎金而獲利，並要求他封存他的硬碟，以免這些信件的真實性受到質疑。「瘋眼」說他只是從來沒把這兩件事聯想在一起。這時候，那些郵件都已經超過 5 年了，追訴時效已過，有關當局很感謝他的協助，所以也不打算因為他協助開發了薩勞的原型程式來起訴他。

　　起訴書上的電子郵件內容重擊薩勞陣營，從這些證據看來，完全無法否認薩勞的犯意。法官同意給他們足夠的時間回應，把引渡聽證會延到 2016 年 2 月。他們還是可以提出挑戰，特別是主張當時政府對幌騙的規範很模糊，而且執法標準不一，又太容易讓人誤會，簡直到了違憲的程度。不過，這些律師到底什麼時候能拿到錢、又要怎麼拿到錢，這問題還是沒解決。益克錫原本答應要提早讓薩勞的資金解封，這時卻食言了。那個冬天，前景看起來只有愈來愈黯淡。

　　薩勞的死對頭伊格·奧斯塔徹也是少數還在用滑鼠交易的大戶。期管會在 10 月 19 日指控他在 E-mini、銅、原油、天然氣和高波動期貨市場中幌騙，以及「運用欺騙與操縱的工具」，但他堅決否認這些指控。薩勞的律師團原本想用來翻案的說法，就是指美國政府武斷地針對這個獨立運作的英國交易員，卻繼續縱容其他人；但在奧斯塔徹被指控之後，這個說法就行不通了。奧斯塔徹的手法就像之前的傳說人物

「換手哥」一樣，是把大量的訂單放在市場的一方，等著其他人照做；等到市場價格跳動了，就用交易科技的「避免訂單交錯」功能來轉換方向，點一下滑鼠就把別人的委託單給打包帶走。他用這個戰術用了很多年，認為這不算是幌騙，因為他從來沒辦法提早知道他要執行或取消哪一張委託單。在期管會的切結書上可以發現，是城堡資本等大型高頻交易公司提出檢舉之後，期管會才開始採取動作的；奧斯塔徹的手法巧妙，能即時透過滑鼠控制，顯然讓城堡資本的複雜演算法無法預測市場的走向，得不到確定的訊息。執法行動竟然是由全世界勢力最強大的高頻交易公司發動，讓奧斯塔徹憤怒不已，於是他選擇對抗。和薩勞一樣，奧斯塔徹也委託高博—金律師事務所來替他辯護。

　　1 個月後，整個期貨市場都睜大眼睛，關注在芝加哥舉行的史上第一樁幌騙的刑事案件。被告是來自布魯克林、時年 53 歲的麥克・寇西亞，肩寬體闊的他被控商品詐欺。寇西亞也曾經在營業廳進行交易，大學的時候靠著送報半工半讀，和新一代電腦神童的經歷完全相反。營業廳關閉時，寇西亞就自立門戶，開始在螢幕後面操盤。2011 年，他請工程師開發出能讓他「在市場抽水」的軟體，這電子郵件被那位工程師保留了下來。這個案件是個里程碑，寇西亞雇用了紐約最強的律師事務所蘇利文—克倫威爾（Sullivan & Cromwell），動用事務所內的所有菁英，包括未來將擔任證

管會執法部門的主任、期管會的前法律顧問，以及瑪莎·史都華內線交易案的首席檢察官等。在一個星期內，這支優秀的辯護團隊，輪番向有時會顯露困惑表情的陪審團說明取消訂單是標準動作，演算法交易是常態，而還在發展初期的幌騙規範則非常模糊、難懂。他們把寇西亞描繪成一個重視家庭又謙遜的人，這個「頂天立地的好男人」只想在機器的世界裡競爭，並強調他在 2010 年只用了演算法兩個月，而當時干擾型交易行爲的規範還沒定論。寇西亞在 2013 年同意支付超過 300 萬美元的罰金給民政機關，他一直以爲這件事已經結案了，沒想到隔年司法部就來到他家門口，又掀起創傷。

代表政府的是一位超級活躍的年輕檢察官雷納托·馬力歐提（Renato Mariotti），他的辯論方式是直搗對方的「業界說法」和統計，讓評審團能聽得懂。評審團成員都是芝加哥路上的素人，和他一樣。他把雞肉公司的主管找來當證人，解釋爲什麼一般企業會依賴商品市場，並且把交叉詰問當成表演，又說又笑，還翻白眼，激得寇西亞在法庭上怒吼：「我不是在買賣熱狗，我是在買賣期貨！」最後，馬力歐提轉身面對陪審團，用一種演員在獨白的姿態說：「你知道嗎？這讓我想到小時候在操場上看過的畫面。有個小朋友，他會把手伸出來，像這樣，好像要跟你握手；可是當你要握他的手的時候，他就把手伸回去。又或者他會把手舉高，讓你以爲他要跟你擊掌，結果又馬上把手放下來。他覺得這樣做很好

玩，但我不覺得。不過，這就是他的招式，對吧？……各位
女士，各位先生，這就和我們的案件一樣。」

　　陪審團只花了不到 1 個小時就判寇西亞有罪，他後來被
判處 3 年有期徒刑，讓他成為金融市場史上第一位因為幌騙
而必須服刑的人。這個案件重新為社會觀點定了調，畢竟過
去幾十年來，大家都覺得政府根本打不贏操縱市場的案子；
另一方面，這對納凡德‧薩勞來說卻是個噩耗 —— 寇西亞用
程式才不過 10 個星期時間，他卻用了 5 年；寇西亞賺了 140
萬美元，他自己卻賺了 4,000 萬美元。

　　這整個季節都充滿壞消息。就在聖誕節前夕，伊利諾州
法官駁回「白麵包」比爾‧布拉曼等人控訴芝商所的案子。
薩勞本來考慮過要加入那樁集體訴訟案，該案也讓他對自己
的處境非常有信心。布拉曼等人控告芝商所為高頻交易公司
提供了特殊的權利，創造出雙層市場，滋養他們劫掠市場的
策略。不過法官認為原告缺乏明確的證據，也質疑他們為什
麼選擇控告交易所而不是高頻公司。「本院的任務不是要判
決高頻交易是否公平、適宜。」法官的結論並沒有給白麵包
和其他列名提告的人任何安慰，他們不知道如果沒辦法從芝
商所取得交易數據的話，又怎麼能夠拿到明確的證據。

　　除了沒有錢，還有愈來愈多對薩勞不利的證據，他最後
的希望就是說服英國法庭拒絕將他引渡到美國。為期兩天的
聽證會在 2016 年 2 月的第一個星期舉行，地點是倫敦西敏區

治安法庭，現在薩勞已經在苦難中愈來愈熟悉這座法院了。薩勞身著深色西裝和領帶，體面地在律師陪同下抵達法庭，只有眼睛很尖的人才能看出他的長褲和西裝外套有色差。英國和美國之間的引渡受雙邊條約約束，該條約規定，除了最特殊的情況外，兩國都將會彼此移交犯罪目標。當事人可以提出各種可能的反對意見，但是成功反對的門檻如此之高，根本是徒具形式；而美國要順利引渡，不需要證明其主張符合事實，只要確認有案得審就可以了。英國讓本國公民到其他國家受審一直頗有爭議，英國政府在 2010 年下令調查這個制度是否公平。主導調查的貝克勳爵最後結論道，引渡確實公平，但由於一系列備受矚目的案件，這問題卻始終存在，其中包括蓋瑞・邁金能（Gary McKinnon）一案。邁金能是蘇格蘭格拉斯哥的資訊工作人員，他曾侵入美國軍方和太空總署的電腦系統，留下「你們的資安系統爛透了」等訊息。邁金能患有亞斯伯格症與其他精神疾病，他說他是在尋找證明飛碟存在的證據。他的困境在國會議員和公眾人物之間引起了轟動，大衛・吉爾摩（David Gilmour）、克麗絲・海恩德（Chrissie Hynde）和鮑勃・格爾多夫（Bob Geldof）等音樂家，還錄了一首歌來喚起人們的關注，不過這些都沒有動搖高等法院的決定。沒想到就在邁金能被遣送出境前夕，內政大臣梅伊（Theresa May）以人權為由阻止了引渡。這個案子本來可以為薩勞提供一個有利的先例，但是梅伊因為對龐

大的壓力感到非常不舒服，便永久取消了內政大臣能在最後
一刻拒絕引渡的權力，這條可能的上訴途徑便因此斷絕了。

　　當納凡德‧薩勞坐上被告席的時候，氣氛就像他第一次
坐在那裡時一樣緊繃。他被逮捕後的那個早上，穿著一件黃
色運動衫，眨著眼睛，迷迷糊糊的。在過去 10 個月，他的名
氣愈來愈大，還有記者遠從印度和美國趕來聽審。在英國，
引渡聽證會和一般法庭不同，沒有無罪推定論，被告有責任
向法官證明他們為什麼**不應該**被引渡。路易士代表薩勞提出
理由，他是少數曾經阻止美國引渡請求的律師。當路易士和
他的同事喬爾‧史密斯（Joel Smith）承接這個案子時，決定
要攻擊司法部的論點，主張薩勞和閃電崩盤無關。他們在庭
前聽證會就主張沒有證據支持其中的關連，而且薩勞不可能
在美國得到公平的審判；從那以後，美方就很少在法庭上提
及 2010 年 5 月 6 日的事件。就當時的狀況而言，路易士最可
靠的論點是，薩勞的手法或許在美國構成犯罪，但是在英國
不算，這樣就不符合《引渡法》裡「雙重犯罪」的要件。「關
鍵在於薩勞的行為如果發生在英國，是否構成犯罪。」路易
士指出，「英國並沒有幌騙罪。」

　　從字面上來看，路易士說得沒錯。無論是《金融服務
和市場法》還是後來的《金融服務法》，都沒有提到幌騙，
也沒有提到下單後不執行的行為。然而，美國政府表示，
薩勞的行為觸犯了禁止「誤導性陳述」的法條，也違反了

《詐欺法》，其中明文規範若做出「錯誤說明」以「造成自己的利益或別人的損失」，那就是犯法。這個論點提出了一個新的法律問題，即交易員的指令本身是否可以被歸類為聲明或陳述。路易士主張不行，並指出 90% 以上的 E-mini 委託單都會取消。他讓南加州大學教授賴瑞・哈里斯（Larry Harris）以視訊的方式，在法庭上提供證詞，幫助他陳述案情。哈里斯曾是美國證管會的經濟學家，著有《交易與交易所：從業者的市場微觀結構》（*Trading and Exchanges: Market Microstructure for Practitioners*）一書；他也曾與柏靈格共事辦案過，並同意擔任證人，因為他很不爽司法部將股市崩盤全都推給薩勞。

　　作為專家證人，哈里斯的工作是說明電子交易的運作方式。他反覆強調，進入委託簿的委託單都有成交的風險，尤其是像薩勞這些人，他們連到交易所的網路速度比大多數高頻交易公司慢了很多倍。薩勞的律師團在論點摘要中寫道，美國「認為這些委託單造假，可是這些都是真正的委託單，讓被告有可能以那個價格成交」。哈里斯還認為，在最佳報價之外分層出價，是正當的戰術，偶爾難得有激進的大買家進場時，會把階梯上不同價格的委託單全部打包，分層出價者就可以利用這個機會獲利。哈里斯表示，薩勞用這種方式下單，其實為市場創造了寶貴的流動性；而跟「寄生蟲」一樣的高頻交易公司只會「檢查報價」，習慣等大量賣單出現

在階梯上，再以較低的價格下單，這行為在業界稱為「靠攏」（leaning）。從這個觀點來面對高頻交易公司的戰術和幌騙的道德議題很特別，但正如法官所指出的，薩勞尚未受審，當下的法律問題要狹義得多；且哈里斯作為證人的可信度在交叉詰問時還受到質疑，因為他被迫承認他從來沒有看過薩勞的交易紀錄，而亨德蕭特則看完了。聘請哈里斯擔任專家證人之後，薩勞的錢就花光了，而這位教授同意降價接案，結果他的論點全是理論性的空談。

　　或許對「雙重犯罪」的論點來說，最猛烈的一擊是，就在召開聽證會的幾個月前，英國金融監管機構對瑞士避險基金達文西投資有限公司處以 700 萬英鎊的罰款，原因是幌騙和分層出價。雖然這是民事而非刑事訴訟，但兩案驚人地相似，也削弱了薩勞的行為在英國不會構成犯罪的主張。這些討論都圍繞著薩勞打轉，他頭低低地頹坐在被告席，法官問他身體是否出了什麼狀況。路易士說他的當事人沒事，但透漏薩勞除了有亞斯伯格症候群外，在監獄服刑之後，還正在接受創傷後壓力症候群的治療。過去，這也是一個反對引渡的理由，不過近期的案例紀錄都明確表示，引渡對象的精神狀態不是拒絕引渡的充分理由。

　　被告方的第二個論點與管轄權有關。根據《引渡法》，若法官認為這不符合「實現正義」，就不該同意引渡，其中必須考量到大量違法行為在哪裡發生、受害人在哪裡、證據

如何取得，以及英國當局是否有意展開司法程序。路易士指出，薩勞只在英國操盤，甚至從未去過美國；此外，E-mini是一個全球市場，參與者來自世界各地。這個論點的絆腳石是，英國政府沒有興趣追緝薩勞，因此若英國拒絕引渡，薩勞就會沒人起訴，無罪一身輕。代表美國政府的律師馬克‧桑默斯（Mark Summers）說：「受苦的是美國人、美國企業和美國市場的健全性。」

. . .

聽證會後 7 個星期，2016 年 3 月 23 日，法官准許美國引渡納凡德‧薩勞。「我知道這起案件因為牽涉到閃電崩盤而引起廣大的注意，」法官寫下，「然而這被情緒化地點名的事件，僅僅是這樁案件中被指控的行為的一部分。」關於「雙重犯罪」，法官認為：「犯罪行為**就是**只下委託單／合約……在起訴過程中，可以看到被告利用了高度調整過的軟體。」他還說美國「很理想也很適合」這樁案件，並補上：「納凡德‧薩勞很清楚地表示他不希望被引渡，但本來就很少有人會想要被引渡。」薩勞的律師團等了幾天才上訴到高等法院，那是緩刑的最後希望。

儘管情勢嚴峻，薩勞卻好像不會被這些事件擊倒。那年夏天，他巧遇了以前操盤的朋友，他對他們說：「現在他們

占上風，但我出庭時，把真正的統計數字攤開來，一切就不一樣了。」當被問到如何維持樂觀的態度時，他說：「你不知道明天會發生什麼事。或許我會勝訴，走出法院，然後被車迎頭撞上。」這種禪意的態度也延伸到他對別人的看法。「你不能控制別人對你怎麼想，」他說，「這是我在牢裡學到的。他們想讓整個世界都恨我。但如果你的幸福寄託在別人的看法上，那你就永遠不會幸福。」

　　薩勞似乎很珍惜抒發心情的機會，這段對話後來持續了超過兩小時。當他們準備道別的時候，他回想起這段旅程和他所做過的決定。「我只希望能夠有最好的結果，」他解開路燈下的車鎖，準備牽走他的藍寶堅尼，「只要我實現我的潛能，別人在做什麼又有什麼要緊？那就是我突破障礙的方法。但我在這天竺鼠的滾輪上跑太久了。」他說他一直有意把錢捐給慈善機構，又氣自己有「自命不凡」的錯覺。「當我在牢裡的時候，這是唯一讓我感到難過的事。我擁有那麼多錢，卻根本沒有幫助到任何人。但我實在太喜歡交易了，所以很難放手。」

Chapter 24

認罪

. . . .

　　2016 年 8 月，德國商業雜誌《第一品牌》（*Brand Eins*）發表了一篇由調查記者英格・馬爾徹（Ingo Malcher）所撰寫的文章〈尚未付款〉。他發現在蘇黎世有一些天花亂墜的宣傳，核心人物就是賈西亞，於是他決定調查一番。

　　馬爾徹的文章把時間拉回到 2007 年，當時 30 歲的賈西亞拿著幾張紙，帶了一位翻譯，出現在律師事務所，想要請人幫忙他成立自己的銀行。根據文件顯示，他當時的合夥人是個伊朗的組織，還有一位佛羅里達的生意人布爾頓・格林伯格（Burton Greenberg）。細節都很模糊。當被問到銀行要叫什麼名字的時候，賈西亞說他希望取名為「我的銀行」，最後這場討論無疾而終。6 年後，這名律師在翻閱瑞士報紙《週日新蘇黎世報》時，驚訝地看到賈西亞的照片，那篇專訪把他描寫成全拉丁美洲最大的農業世家的後裔。馬爾徹指出，在那之後，賈西亞成了媒體寵兒，前一分鐘還在談鋰和

黃金，下一分鐘又論起了牛和藜麥。2014 年 12 月，賈西亞
宣布準備收購亞內爾銀行。記者和益克錫的投資人一樣醉心
於這位虛張聲勢的異國大亨，每刊登一篇新的文章，他的家
族身價就更高了一點。賈西亞堅稱益克錫價值數十億美元，
卻沒有公開帳戶，於是馬爾徹決定要把他的言行攤在陽光下
檢驗。

　　馬爾徹的第一項發現就是：賈西亞和合夥人共同成立「我
的銀行」，但他的合夥人格林伯格是一名已經被定罪的重罪
犯，他和他的妻兒都涉入一系列大膽的投資欺詐案。75 歲的
格林伯格在 2016 年 2 月，因詐騙了 1,000 萬美元的退休金而
鋃鐺入獄。不過真正引起馬爾徹注意的是更早期，涉及蒙古
中央銀行的詐騙案。蒙古是個貧窮的國家，氣溫常低於攝氏
零下 40 度，2005 年時該國政府正在努力籌措 10 億美元以建
造國宅；就在這時，有人介紹了一些西方的金融家給他們。
根據蒙古中央銀行 2010 年在佛羅里達州提出的起訴文件，這
些金融家說他們可以幫得上忙。格林伯格及其同夥吹噓說，
他們和全世界財力最強大的銀行與資產管理者都有關係，還
說如果蒙古政府可以發行兩億美元的「信用狀」──也就是
有法律約束力的借據──作為抵押，他們就能籌到資金。他
們答應在票據到期時原封不動地歸還，但紀錄顯示，這些人
一掌握了文件，就開始尋找願意以大幅折扣提前兌現的金融
機構。等到蒙古政府發覺不對勁，已經被騙了 2,300 萬美元。

這夥人在寮國、蒲隆地和幾內亞都幹過同樣的勾當。

　　馬爾徹發現，這份起訴文件的時間和薩勞首度考慮要投資益克錫的時間差不多，但益克錫一直設法淡化這份文件；他們不斷強調：賈西亞一直住在美國境外，從來沒有被列為被告，和其他人不一樣。不過，根據起訴書，賈西亞「刻意且知情地違法」，他在蘇黎世和蒙古代表開會，利用他在中東的人脈和組織將信用狀兌現，並「從中牟取」至少 300 萬美元。《第一品牌》報導他和格林伯格的關係，並揭露了起訴書裡的細節，賈西亞全都拒絕評論；但是 2010 年 9 月，格林伯格和其他被告都被判有罪，並且必須賠償蒙古央行 6,700 萬美元，這是受損金額的三倍。

　　查到這些資料之後，馬爾徹大受鼓舞，開始調查賈西亞的虛實。賈西亞接受媒體採訪或是在和潛在投資人通信時，都聲稱他在玻利維亞有一片優質土地，面積達 210 萬公頃，而且已經獲得獨家種植藜麥的專用權。然而，當馬爾徹聯繫上玻利維亞農業部時，對方卻說他們對此一無所知。拉巴斯國際藜麥中心主任埃德加‧索利茲（Edgar Soliz）還說，玻利維亞是社會主義國家，95% 的藜麥種植面積都掌握在農會和合作社手中，外國私人機構根本不可能購得這麼大片的土地。且 2013 年玻利維亞全國藜麥田總面積也才 17 萬公頃，哪來的 210 萬公頃給益克錫？這「太瘋狂」了。

　　馬爾徹問及「鋰」的發展時，也得到類似的說法。賈西

亞當時開始對記者和投資人說，益克錫和玻利維亞政府合資
要在烏尤尼地區廣闊的鹽沼中提煉鋰。在一篇文章中，賈西
亞穿著蓑衣，伸長手臂，站在一片自稱是屬於他的鹽鹼荒野
上；但玻利維亞卻嚴格禁止外國人開採或出口鋰，該國國家
鹽岩委員會主席就說賈西亞的說法是「不可能」的。

　　另一個賈西亞很喜歡說的故事是，他從小如何在他父親
身邊幫忙打點家族在墨西哥所擁有的廣闊農場。然而，墨西
哥農業生產者協會表示，沒有任何紀錄顯示出賈西亞・艾瓦
瑞茲家族中有人擁有那麼大的資產；事實上，馬爾徹辛苦地
追蹤後發現，這個家族只擁有佛羅里達州一片 113 英畝的馬
鈴薯田而已。

　　賈西亞就連學歷都經不起檢驗。2007 年，他對蘇黎世的
律師說他有德州大學企管碩士學位，但是益克錫的網站卻寫
著他的碩士學位來自祕魯的費德里科・維拉里爾國立大學。
當馬爾徹問起這個矛盾時，賈西亞不意外地拒絕發表評論。

　　《第一品牌》準備公開這篇馬爾徹的文章時，《華爾街
日報》刊登了一篇報導，說益克錫收購亞內爾銀行的交易在
「混亂的溝通和警告訊號中」破局了。賈西亞聲稱這是因為
他發現該銀行的問題比想像中來得大所以才縮手，但《華爾
街日報》引用的內部信件卻說，是賈西亞自己一直不願意提
供或拿不出監管機關所要求的 2,800 萬美元與納稅申報表等
必要文件。在曠日廢時的過程中，銀行老闆還為賈西亞的開

銷買單，口袋都空了。被任命為董事長的知名銀行家麥可‧貝爾既困惑又尷尬地離開了。「需要資金的企業往往不會嚴格遴選潛在的合作夥伴，犯下這種錯誤可能會造成巨大的損失，聲譽也會因而受損。」麥可‧貝爾在文章裡寫下，「沒有幾個高階主管會停下來思考金主到底是誰，那個人的背景又是什麼。」

　　對看過《第一品牌》那篇文章的益克錫投資人來說，馬爾徹只不過證實了他們最擔心的事。此時距薩勞被逮捕已經過了16個月，賈西亞跟8位投資人拿了大約7,500萬美元，連一毛錢都沒有還，這其中有5,500萬美元是屬於薩勞的。賈西亞原本一直怪罪薩勞面臨的法律問題，所以堅持不肯讓步；但是當麥金儂和杜朋說服美國政府在薩勞的禁止令裡面增加一個條款，授權益克錫解鎖當時放在克蘭伍帳戶裡的1,000萬美元後，賈西亞就換了個說法，他說他現在需要南美政府的批准。事實上，益克錫根本沒有什麼正當或合法的理由可以扣著那筆錢。賈西亞不再回電話或電子郵件以後，投資人便很納悶他是不是一直把薩勞的狀況當作是個很方便的藉口。

· · ·

　　2016年10月14日，納凡德的律師抵達倫敦皇家法院，

想試著為阻止引渡再盡點力。他們強調，幌騙在英國不是犯罪行為；就算是，審判也應該在薩勞的居住國進行。希望很渺茫，午餐過後不久，高等法院就駁回了請求。薩勞有 28 天的時間可以向美國聯邦調查局自首，但在自首之前他必須決定：是要繼續抗爭，在美國接受審判？或是試著和美國政府達成認罪協商？他的律師團用嚴厲的措辭讓他了解情況：審判可能需要排上兩年時間，在這過程中，他會被關在芝加哥的監獄，痛苦到他會希望自己還關在英國的監獄裡；而且，就現實情況來說，當「瘋眼」的電子郵件出現以後，他勝訴的機率就急劇下降了，特別是他現在沒有錢，只能由公設的辯護律師代表。如果他不認罪並且敗訴，他可能會被關在美國幾十年，就連薩勞自己也覺得這個賭注太大了。於是，那個月柏靈格就飛到華府，和美國司法部協商認罪的條件。

　　另一方面，美國這邊的氣氛相當輕鬆愉快。那年夏天，不同調查機構的成員聚集在華盛頓司法部的網路實驗室，像是在開同學會。他們在薩勞父母家沒收的證物都已經記錄並擷取下來，終於可以檢視了。期管會的潔西卡・賀瑞思與傑夫・勒里胥、司法部的麥克・歐尼爾、聯邦調查局的探員和倫敦警察廳的警探等，逐一檢視薩勞的文件。在場還有詐欺科的主管羅伯・井克（Rob Zink），布蘭特・威柏被調去白宮以後就由他接手，所以他要負責這個案件。大家被薩勞的案子困擾那麼久了，搜索他的硬碟令人有種興奮的偷窺感。

剛開始，這群調查人員發現「納凡德交易員」程式非常完整且詳細地登錄了每次薩勞使用的經過，這簡直就像是在調查刑案時找到殺人凶器一樣。

　　如果他們那個星期只找到這套軟體，他們會很高興；可是有人點了某個檔案，然後影片彈了出來——那是薩勞錄下他自己交易過程的影片，他可能是把攝影機架在自己的正後方。這群調查員看了影片，百思不得其解。影片中，薩勞買賣了數百萬的 E-mini，滑鼠在螢幕上飛過來、飛過去，不斷下單，啓動著尖端金融科技和交易科技爲他打造的功能。影片中時不時傳來薩勞的聲音，他憤怒地邊操作邊罵，有時在螢幕下方還可以看到他的一撮黑髮。他們點了下一個檔案，結果是隔幾天後錄製的影片，其他檔案也都是像這樣錄製著交易過程的影片。調查小組曾經聽說過薩勞有影片，現在他們眞的看到這些他持續好幾年來所錄下的影片。薩勞認爲，這些影片是其他人在市場裡作弊的證據；但當他錄製這些影片的時候，他也將自己一次又一次的犯罪實況給錄了下來。

　　前幾個月，調查人員一直在毫無生氣的數據裡面摸索，現在看到這些影片，簡直就像是在見證奇蹟，他們完全沒見過薩勞決策時的速度和他對階梯的反應。到底他爲什麼會想要記錄下自己的犯行？這就好像搶匪在銀行大門自拍，然後又把照片留在手機裡一樣，實在太令人不解了。

　　有了「瘋眼」的電子郵件、交易軟體的紀錄，現在又多

了影片，調查小組知道遊戲結束了。就連井克這向來兇狠的檢察官，都很佩服前任檢察官在逮捕薩勞之前，就有先見之明和膽量起訴他，畢竟這些關鍵證據都是薩勞被逮捕**之後**才浮出水面的。在結束以前，他們又聊到了最喜歡的話題：如果這件事被拍成電影，哪個明星會來飾演他們自己？傑夫‧勒里胥想要柯林‧法洛；歐尼爾非常勤奮，很像是年輕一點的蓋‧皮爾斯；威柏不在場，所以大家指定了約翰‧古德曼給他；賀瑞思堅持要由史蒂芬‧布西密來演她的時候，大家都笑了出來。

．．．

　　柏靈格走進債券大廈，他曾為司法部工作，這地方他再熟悉不過了，他知道他和他的當事人手上沒什麼籌碼。薩勞罪證確鑿，很難想像他除了在審判中被擊倒之外還有什麼選擇。司法部的唯一破綻是，和所謂的受害者——高頻交易公司——相比，薩勞是很令人同情的被告；甚至有些參與此案的人，也開始對把薩勞送進監獄感到於心不忍。柏靈格在談判場上已經打滾了很多年，他察覺到有機會，所以開口問井克這個滿懷雄心壯志、在當時升官又升得很快的檢察官：他是不是真的希望因為拿下「雨人」而歷史留名？柏靈格說，如果詐欺科願意在量刑的時候寬厚一點，那麼薩勞已經準備

好要認罪了，他可以協助有關當局偵辦目前的調查案件。當時，美國政府對電子交易的掌握很有限，如果有個內部人士可以解釋他在做什麼、市場又是如何運作，那可是無價的情資。薩勞這些年還和不同的工程師與經紀人合作，這些人都可能是政府想打擊的目標。

井克和歐尼爾離開會議室去考慮手上的選擇。在這個備受矚目的審判中展示自己的實力很誘人，但也有些風險；如果接受柏靈格的提案，他們就穩贏了，不僅會對市場傳遞出訊息，還會表現出他們在意他們調查的對象。經過一番內部討論，檢察官同意了這筆交易，條件是薩勞必須坦承一切，真心懺悔，並證明他有一些有價值的東西可以拿來交換。

對薩勞來說，這個結果棒極了，這給了他贖罪和獲得赦免的機會。幾個星期以前，他根本無法想像會有這個結果。但井克也警告他，如果他不能講點有用的東西，就要回去接受審判。

‧ ‧ ‧

2016 年 11 月 7 日星期一，薩勞一反常態，提前抵達希斯洛機場，兩位聯邦調查局的探員在那裡等著他和柏靈格。在飛往芝加哥的時候，薩勞問他們在聯邦調查局工作是什麼感覺？他們有沒有追捕過連續殺人犯？那個星期正值美國總

統大選，一到美國領土，隨處可見川普的照片。薩勞被帶到
位於芝加哥市中心，高度戒備的大都會懲教中心，距離芝商
所才一個紅綠燈之遙。滿滿的噪音和活動讓他無法入睡。隔
天上午，他被護送到德克森聯邦大樓，那是一棟外型漆黑的
30 層樓高巨型建築，附近有聯邦法院和聯邦檢察官辦公室。
薩勞的認罪聽證會訂於第二天下午在 23 樓的法庭內舉行，在
那之前，他要到 5 樓的審訊室和美國司法部與期管會開會。

　　薩勞的第一項任務是向詐欺科的井克、歐尼爾以及聯邦
調查局探員匯報，在場的還有柏靈格。在任何像這樣子的交
鋒過程中，開場 10 分鐘是最關鍵的時刻，對方知道薩勞的精
神狀態，所以連美國政府都不確定該期待什麼。事實證明他
們多慮了，薩勞清楚而不含糊地回答了關鍵問題，包括他的
所作所為以及他為什麼會落入這般田地。當他被問到是否知
道自己的行為違法時，他回答「知道」；被問到在他下委託
單的時候，是不是要騙取其他人的金錢，他說是。得到薩勞
的自白後，他們接下來花了好幾個小時，逐行討論起訴書的
內容。司法部若缺乏哪些資訊，薩勞就會補充，並指出哪裡
有誤，他誠實得像是被打了自白劑一樣。薩勞這幾年來一直
扛著壓力，他說壓力終於結束了，讓他鬆了一口氣。他們談
論到薩勞的經紀人和工程師、他的競爭對手、他對高頻交易
的看法，還有他怎麼運用所有的錢。薩勞堅稱操縱和幌騙是
市場的通病，也說自己知道該怎麼辨識這些行為。他坦率而

清晰的講話方式，讓司法部確信他是可以合作的對象。結束後，他們幫他買了一些食物——他很高興終於能嘗嘗真正的美國漢堡了。

期管會的勒里胥耐心地等待著和薩勞達成單獨的和解協議。對民事案件的偵辦機構來說，在辦這種跨部會案件時，他們都會擔心自己被刑事部門輾壓。結果他們發現司法部已經同意了認罪協商，感到有點措手不及。勒里胥和司法部同時率先展開調查，現在自己卻失去了審判犯人的權利；他們希望至少能確保薩勞在認罪的時候，自己也有一份和解協議可以拿來宣布。柏靈格、薩勞、勒里胥坐下來喝咖啡的談話重點就是錢——更具體地說，是薩勞可以吐出多少錢。期管會的罰款包括要追回被告的不當所得以及民事罰金，而罰金的金額可能是不當所得的三倍。司法部已經同意，因為達成了認罪協商，他們只要追回 1,287 萬美元就好，接下來就由勒里胥來決定還要收多少。未來薩勞在結束監禁後，就無法再從事交易了，所以柏靈格希望到了那時，薩勞還能留下一些用來維生的錢；但勒里胥反駁說，騙來的錢就不該留著。最後，他們同意民事罰金是不當所得的兩倍，總額是 3,860 萬美元。這金額看似慘不忍睹，但如果益克錫把薩勞的錢給還清，那他銀行裡還能留下幾百萬美元。

到這時為止，薩勞已經超過 48 個小時沒睡了，而他又即將要回到監獄去過個失眠的夜晚，柏靈格請司法部開恩，讓

他的當事人在會議室裡過夜，由聯邦調查局的探員看守。檢察官和探員考慮了一陣子，但因爲安全風險太高，最後還是把他送回了禁閉處。

隔天，2016 年 11 月 9 日，認罪聽證會下午兩點開始。川普當選美國總統的消息爲會議程序蒙上了一層超現實的陰影。廣闊的法庭沒有窗戶，後方聽審席上坐了半滿，其中包括幾位檢察官，神情疲憊、專心看著手機的記者，還有期貨產業裡的鄉民。賀瑞思那時剛離開期管會，從華府趕來芝加哥聽審。薩勞的家人和朋友都不在場。納凡德‧薩勞穿著橘色的連身衣、戴著腳鐐站上被告席。法官問他的精神狀態，以及他是否理解認罪的後果，他小聲地說：「是的，法官大人……不，法官大人……是的，法官大人。」接下來，他在被指控的 22 項罪名中，承認了其中兩項：電信詐欺——這涵蓋了他 5 年內的行爲；以及在 2014 年 3 月進行了幌騙。商品詐欺和操縱市場的指控都被撤銷了。

在美國，量刑是根據《美國聯邦量刑準則》來計算的。這是一種計分系統，以被告的罪名爲基礎，根據實際的犯行以及考量其犯罪紀錄，來加減分數。根據該準則，薩勞的刑期是 78 至 97 個月。不過，根據認罪協商的條款，薩勞可以在政府的要求下，協助調查民事或刑事案件，來「賺取」部分甚至全部的監禁刑期。一般來說，被告是在獄中和政府合作，但美國司法部允許薩勞回到英國，遠距協助辦案。法

官質疑這項安排太不尋常，柏靈格主動表示：「基本上，他有超凡的辨識模式和數學能力，但他也有嚴重的社交能力和其他行爲限制。如果他被監禁的話，我想他會完全失去和政府合作所需要的能力。」

最後法官同意了，條件是薩勞要放棄護照，停止期貨交易，避免酗酒，禁止接觸潛在證人，並且維持晚上 11 點的宵禁。他的判刑將推遲到司法部不再需要與他合作時爲止。法官請薩勞確認他同意由美國政府沒收 1,287 萬美元，柏靈格說同意──儘管截至當時爲止，高博─金律師事務所只主要從羅傑歐公司的交易帳戶取回 650 萬美元而已。律師解釋：「法官大人，請准許我發言。過去這 16 個月，我們不斷和期管會一起努力取回被告遭竊取的資產。我的意思是，他投資了一場龐氏騙局。」法官同意讓薩勞的父母和哥哥以 75 萬美元留置他們的房產來代替罰金。爲了確認這項安排，她打了一通電話到豪恩斯洛，還用法庭的擴音器播出這段對話。

「您好，我是肯德爾法官，你的對話都會被法庭記錄下來。可不可以告訴我是誰在接聽這通電話？」

「我的名字是奈查塔·薩勞。」

「黛吉特在你旁邊嗎？」

「是的，她也在。」

「好，很好。薩勞先生，我在芝加哥的法庭裡，你兒子剛剛認罪了，我在考慮要用什麼條件讓他離開。他提議用你

和你太太所住的房子來抵押，這表示如果你兒子違反了我開的條件，你就會失去你的房子。你明白嗎？」

「是，我懂，法官大人。」

法官讓薩勞的父母逐項了解釋放他的條件後，又問奈查塔有沒有什麼要補充的。他說：「我想說的，最主要是他滴酒不沾；他甚至連茶和咖啡都不喝。」薩勞尷尬地搖著頭。法官和他哥哥也進行了類似的對話，便結束這個案件。薩勞的律師團和司法部同意，幾個月後再回來更新合作的進展。此刻，納凡德‧薩勞可以自由離開了。為了這個案子努力許久的調查員、探員和檢察官，看著薩勞在 3 點 30 幾分走出法庭，有一種奇怪的感受，一方面覺得鬆了一口氣，一方面又有點洩氣。有人問薩勞知不知道要怎麼去機場？知不知道自己要趕搭哪一班飛機？然後他們就去吃飯，慶祝惡名昭彰的閃電崩盤交易員落網了。

Chapter 25

神鬼交鋒

．．．．

在益克錫的一位投資人放話要把賈西亞的頭剁下來插在旗桿上之後，賈西亞決定於 2016 年 11 月 21 日，在蘇黎世的萬豪酒店召開投資人會議。那天是星期一，將近 20 位投資人和他們的顧問從英國和其他地方前來，聽賈西亞解釋：他把他們的錢拿到哪裡去了？他為什麼不繼續付他們利息？投資人事前就有共識，如果他們不滿意，就通知有關當局。萬豪酒店俯瞰著風景如畫的蘇黎世舊鎮和利馬特河，非常適合舉辦婚禮，會議室布置成接待處的樣子。賈西亞和另一位益克錫的董事坐在長桌的一頭，身旁還有兩位律師；其中一位是瑞士裔的德國人菲力斯·費雪博士（Dr. Felix Fischer），他人高馬大、聲如洪鐘，始終皺眉怒目。他們身後和室內各處都有隨扈，投資人必須先出示證件才能進入會議室，這個房間裡還擺了 6 張鋪有白色桌巾的小圓桌。

賈西亞感謝大家遠道而來，然後開始簡報。他快速跳

過「免責聲明」，裡面說益克錫「不代表或保證」他接下來說的話有沒有「正確性、完整度或健全性」。賈西亞播了一張標題為「現況」的投影片，他說益克錫因為「不可能預測到的」全球商品景氣低迷而受到重創，這就是為什麼公司在2014年，從提供「低風險」的貿易保障轉型為直接投資農產事業。這種改變原本可以「固本」並帶來「穩健的收益」，但是「主要投資參與者卻訴訟纏身」，導致「公司和相關企業」面臨「與銀行和其他商業往來的關係遭受連鎖反應」。換句話說，納凡德・薩勞的法律問題，把這個據稱有7萬2千名員工、年收50億美元的國際集團給害慘了。

聽到這裡，惱怒的投資人開始鼓譟：「我們的錢呢？」賈西亞繼續解釋：益克錫目前「資金周轉困難」，公司在全球各地都有資產，包括在玻利維亞有3,000萬平方公尺的土地，價值1.92億美元。而且益克錫最近才簽了合約，要為「中華民國的大型農業公司」提供藜麥與其他農產品，預估每年可以獲得「約8,600萬美元的收入」。為了讓大家更清楚未來的展望，他在投影片上放了青翠的田野風光照片，另一張投影片則是一張他自己帶著微笑站在田中央，身旁有好幾袋上面貼有中文標籤的藜麥，還有台曳引機。在實際投資的部分，簡報上說益克錫轉了6,500萬瑞士法郎（6,600萬美元）到分別位於佛羅里達、新加坡、瑞士以及玻利維亞的私人企業，而他們都沒有經過審計的帳目可查。賈西亞說，今天的

重點就是公司絕對有足夠的現金，可以償還投資人和薩勞所挹注的 7,500 萬美元投資款，以及如亞當森、薩維齊、麥金儂與杜朋等介紹人應該拿到的 1,050 萬美元介紹費；唯一的問題是，資產變現需要時間，可能要等上好幾個月或甚至好幾年，如果投資人想把錢拿回去，就得要有耐心。為了公開透明，他提議帶著幾位代表到南美洲，親自查看他們資金的使用方式。

　　賈西亞講完了以後，會議室就炸鍋了。代表其中一位投資人的律師站起來要求賈西亞提供證據，讓他們看到錢在哪裡；另一位投資人質問，為什麼他簽署了一份文件，同意他的錢會被用於「僅通過已存在實際終端買家的非投機性交易方式所進行的交易」後，資金就從亞內爾銀行轉到了其他機構；有個與會者說，他從來就沒有授權讓人拿走他放在摩根史坦利的錢。這些問題一個一個被拋出來，但賈西亞一直很安靜，由費雪博士代他回答；他太太葉卡特琳娜則穿著設計師品牌的服飾，逐桌發放沒人想吃的酥皮餡餅。等到最後有位洩氣的債權人建議他們直接走出飯店，到最近的警察局去報案時，益克錫的回覆才清楚得多：如果有任何人採取法律行動，公司就會歇業，他們就再也看不到他們的錢了。賈西亞很認真地說，大家最好相信他。

　　投資人討論了一番，只好不情願地同意再給益克錫一點時間。該說的都說了，該做的也都做了，他們還有什麼選擇

呢？賈西亞感謝在場人士的耐心，就在隨扈的護送下從側門
離開，搭上事先等在那裡的全黑賓士，絕塵而去。

· · ·

　　2017 年 2 月第一個星期，詐欺科的羅伯·井克和麥克·
歐尼爾、聯邦調查局的兩位探員，以及期管會的傑夫·勒里
胥飛到倫敦，花了一個星期的時間，想要盡量從納凡德·薩
勞身上擠出更多資訊；他們稱這是「和納凡德一起看家庭影
片」。高博—金律師事務所位於 42 大廈，這棟將近 600 公尺
高的摩天大樓就在倫敦市的金融區中心 —— 薩勞在職業生涯
中一直想要迴避的地方。之前，認罪協商的過程非常緊繃、
充滿戲劇性，過了幾個星期之後，現在會議室裡的氣氛則是
非常輕鬆、歡樂。薩勞還問說，既然他現在是爲美國政府工
作了，可不可以在他的筆記本上蓋個司法部的徽章。

　　「停，倒回去一點！」大螢幕上正在播放薩勞的操盤影
片。有時候，當他忽然想到一些事情，整個人就會從椅子上
跳起來，雙眼發亮，就像退役的運動選手在回想比賽時的亮
點一樣。「呃，納凡德，你在找什麼？」其中一個美國人可
能會跟不上，不曉得階梯上到底發生了什麼事。買方出價和
賣方報價來來去去，價格跳得很快，凡人根本跟不上。「老
兄，拜託。」薩勞會露出微笑，帶他們仔細地看一遍。

　　連續好幾天，納凡德‧薩勞替美國政府開了短線操作速成班，讓他們了解市場結構有多麼錯綜複雜，教他們看出什麼時候有人在進行幌騙。他的知識庫其實很狹窄，但是卻非常深，而且他能用清晰、不參雜專業術語的方式說明，讓大家很好理解。他解釋策略和市場參與者留下的足跡時，這些人就認真作筆記、提問。影片看完了以後，他們問薩勞他的經紀人知道多少，他在操盤的時候，他們又扮演什麼角色？薩勞回說，他們「什麼都不知道，只想要錢」。那像是基特胥‧沙卡這樣的開發人員呢？這問題薩勞就說不準了，如果你為別人訂製了武器，你又要對他使用武器的方式負多少責任呢？

　　就在那個星期快要結束的時候，這群人一起到 42 大廈的高檔餐廳吃午飯。那裡不提供漢堡，所以薩勞點了牛排，他發誓他從來沒聽說過什麼法式伯那西牛排醬汁。他們聊起倫敦的觀光勝地，還有如果被判了死刑，最後一餐要點什麼。薩勞說，他以前可能前一刻剛在市場裡賺了 100 萬美元，下一刻就聽到他媽媽在樓下大喊：「納凡德，你在做什麼？」全桌聽完哄堂大笑。在那幾分鐘，他們都忘了彼此為什麼會聚集在這裡。

尾聲

． ． ． ．

2020 年 1 月 28 日，納凡德·薩勞回到芝加哥接受審判。3 年前，美國總統大選的隔日，他就是在這間法院承認犯下詐欺和幌騙罪行。因為認罪協商，他同意協助美國政府偵辦其他案件。他一直在努力爭取支持，並設法將服刑時間減到最低。

2017 年，薩勞在倫敦花了一個星期向美國司法部、期管會和聯邦調查局的成員簡報，顛覆了他們對幌騙和市場微結構的認知。他是第二位因幌騙而受到刑事指控的人，而政府對電子市場的黑魔法還很天眞。

薩勞偵測幌騙委託單的洞察力被整合到美國政府的偵測軟體，協助執法機關將 20 多名銀行、避險基金和高頻交易公司的交易員定罪——薩勞自己向來最鄙視高頻交易公司了。至今，美國各地的調查人員和檢察官在接受訓練的時候，都還要觀看薩勞的「家庭影片」。根據芝商所和其他交易所的

報告，幌騙和其他形式的操縱行爲都已經大幅減少了（儘管懷疑論者認爲道高一尺魔高一丈，那些人只是更會隱匿犯行罷了）。

雖然薩勞提供的情資很有用，但如果被告想在合作中立功，就要提供針對特定犯罪的資訊。2018 年 1 月，美國司法部逮捕了軟體開發人員基特胥・沙卡，他的公司尖端金融科技曾經打造出「納凡德交易員」程式。沙卡雖然沒有親自見過薩勞，但他被指控合謀幌騙市場，以及兩項協助和教唆的罪名，每項最高可判處 10 年有期徒刑。沙卡不是交易員，所以這個案件帶出了一個很重要的問題：軟體開發者究竟要爲用戶使用的方式負多少責任？

薩勞利用「納凡德交易員」誤導市場裡的其他參與者，提供錯誤的供需資訊，並從中謀取數百萬美元，沒有人懷疑這點；但問題是沙卡有沒有過錯？畢竟薩勞操盤的時候他從來不在現場，他也沒有因爲薩勞賺錢而獲利（尖端金融科技只獲得 2 萬 4 千美元的程式開發費用）。在 2019 年 4 月的審判中，麥克・歐尼爾檢察官認爲，儘管薩勞沒有明確地解釋他打算怎麼使用這套系統，但是設計藍圖中可以清楚看出他的意圖，而且對像沙卡這樣經驗如此豐富的專業人士來說，更是顯而易見。歐尼爾讓陪審團閱覽兩人往來的電子郵件，並強調在其中一份合約裡，薩勞明確說出要在委託單成交之前就取消。沙卡的辯護律師是雷納托・馬力歐提，這位戲劇

風格強烈的律師 2014 年時還是代表政府的檢察官，成功地將麥克‧寇西亞定罪，讓他成為史上第一位因為幌騙而服刑的人。「各位女士，各位先生，你們能夠想像在這個世界上，平凡老百姓竟然因為完成了自己的工作就被指控犯罪嗎？」他還把沙卡比喻成將手機賣給毒販的手機零售商，或是無意中提供逃犯交通工具的汽車銷售員。

　　納凡德‧薩勞穿著紅色毛衣懶散地走進法庭、站上證人席的時候，背負著很多壓力。他在接下來幾個小時回答了很多問題，冷靜地讓大家知道他的交易活動，以及他和尖端金融科技的互動過程，沒有任何推諉；過程中，他很少抬起眼睛看任何人，或是留意身邊的環境。他說：是的，他是個被定罪的詐欺犯；沒有，他沒有和沙卡討論到幌騙；是的，他會作證是為了減輕刑期。有個很關鍵的問題是他和沙卡的關係，他承認：「當時，我不認為我們在串通犯罪。」

　　薩勞飛回豪恩斯洛後沒幾天，法官駁回了檢察官對沙卡的合謀指控，理由是沒有證據顯示薩勞和他的開發商曾經達成任何邪惡的協議。這個打擊讓美國政府顏面盡失。過了幾天，由於陪審團未能就其他罪名達成共識，案件宣告失敗。根據報導，12 名陪審員中有 10 名支持無罪釋放；司法部已經看出前方路途艱險，於是放棄了指控，不要求重審。這雖然不是司法部想要的結果，但他們對薩勞所提出的要求，他都確實做到了。（在撰寫本書時，沙卡還在與期管會針對他

的民事指控，進行和解談判。）

　　薩勞被逮捕之後，政府取締幌騙行為，基本上對大型高
頻交易公司來說是好事，可是除此之外，整個環境變得更難
生存了。競爭加劇、成交量下滑、數據和技術成本不斷上升
擠壓了利潤，而各國央行對全球市場的干預導致長期波動枯
竭，讓很多依賴市場大幅波動的投資策略都失效了。高頻交
易仍然盛行，占了所有期貨交易的三分之二；但其輝煌歲月
已經結束了，這些公司都在尋找新的賺錢策略。高頻交易畢
竟還是需要依賴工程師來編寫或修改演算法，但人工智慧和
機器學習讓機器可以在不需要和人互動的情況下，持續修正
戰術，逐漸取代早期的高頻交易，結果市場的速度更快了：
現在交易的速度是以奈秒（十億分之一秒）在進行。

　　薩勞被判刑的時候，大家還在搜尋他失蹤的財產。美國
在境外沒有管轄權，只取回 3,800 萬美元欠款中的 800 萬美
元。吳明士的檢舉獎金有 10% 至 30%，所以他也很有耐心地
在等。拿走最多錢的是益克錫的賈西亞，他完全沒有還錢，
而且據說他正在蘇黎世追求新的商機。將薩勞介紹給益克錫
的琳恩·亞當森和克里斯·薩維齊夫婦，在 2017 年 12 月清
算了自己的公司。達米安·歐布萊恩的經典全世界博弈公司
也歇業了（他現在進入了虛擬貨幣的產業）。

　　在薩勞被逮捕之後，和他互動最密切的顧問邁爾斯·麥
金儂和約翰·杜朋想要重建招牌十分辛苦。他們在聲明中表

示：「從 2010 年到納凡德被逮捕前，我們的合作關係很好。他靠著操盤獲得高額財富，請我們只要發現任何能夠提供最低風險、最高報酬的機會就告訴他，這通常都是企業早期發展的投機型投資。納凡德明白這些風險。我們的角色是介紹人，我們從未管理或控制他的資產或投資資金。我們公司在納凡德被捕後也承受了重大的損失。」兩人很明確地表示，自己不但沒有涉入薩勞的交易行為，還一直敦促他和有關當局合作。

納凡德‧薩勞要被判刑的前幾天，司法部、緩刑辦公室和薩勞的律師羅傑‧柏靈格各自向法院提交了備忘錄，說明他們認為什麼樣的刑責才公平。柏靈格把他的委託人描繪成一個高智商的生活白痴，他如果沒有爸媽的照顧，根本沒辦法活下來。在長達 41 頁的長篇報告中，柏靈格列舉了薩勞曾經穿著睡衣離開家裡、把蜘蛛當寵物養的故事。柏靈格還引述了薩勞家人的話，包括他哥哥說：「小時候，每個人都很天真、好奇。隨著時間一天天過去，由於各種因素，我們失去了這些特質，但納凡德卻沒有。」自閉症專家西蒙‧巴倫—科恩（Simon Baron-Cohen）說，薩勞的症狀讓他沒辦法細分什麼可以做、什麼不能做；他還提出警告：如果把薩勞送回監獄，將會對他造成極大的傷害，因為他對光線和噪音非常敏感。

後來案件出現驚人的發展——司法部居然在備忘錄中請

法官寬宏處理，讓薩勞回家。這和量刑標準大相逕庭，根據《美國聯邦量刑準則》，薩勞至少要服刑 6 年半。歐尼爾和井克說薩勞「極度配合」，他「積極協助並通知美國政府在境內偵辦和起訴類似的案件」。他們愈來愈了解薩勞，而且也覺得把他關在牢裡沒有任何好處，緩刑官也同意這點。

　　各方都替薩勞爭取，現在就等待法官的判決了。回到芝加哥後，歐尼爾和柏靈格在法庭上輪流陳述他們的理由，薩勞坐在旁邊，雙手抓著一張紙。輪到他說話時，他輕聲而緩慢地說：「我花了 36 年，想要在謊言鋪成的道路上找到幸福。」他對法官說，「我賺的錢比想像中要多，這個社會說哪些事情會為你帶來幸福，我就去做那些事；但如果社會沒講，我也不知道要去哪裡尋找。」薩勞說他操盤成癮，但是在獄中明白了操盤不能為他帶來「更深的意義」。獲釋後，他哥哥給了他一本關於靈修的書籍，為他開了一扇門，讓他找到新的生活方式。「金錢買不到幸福，」他說，「我現在知道了。」

　　肯德爾法官最後總結，當她剛聽到事實陳述的時候，還以為是要和某個犯罪首腦打交道。「此刻，在我面前的是一個自閉症患者，他和父母住在一起，他的臥室從 13 歲開始就維持著這個樣子。」納凡德‧薩勞或許把市場當成了一種電玩遊戲，可是那不影響閃電崩盤那天「事件的嚴重性」。「你的行為濫用了市場誠信，而這對維持市場的健全很重要。」

法官堅持，薩勞雖然已經服刑 4 個月，還需要接受其他的懲罰。考量到薩勞的健康狀況，她判他必須在他父母家居家監禁 1 年；如果他想要離開家，例如參加葬禮或是宗教活動，必須先獲得法院的許可。

這並不是眾人最想要的結果，但司法部和薩勞的律師都認為，在這種情況下，這個結局已經很不錯了。那天晚上，納凡德‧薩勞飛回希斯洛機場，準備窩回自己的臥室裡，那就是他的犯罪現場。「豪恩斯洛獵犬」被禁足了。

作者的話

....

　　會著手寫下這本書是命運的安排。2015 年 4 月，當納凡德・薩勞被捕時，我正在倫敦擔任彭博社的記者。我到處打聽，意外發現我的老朋友和薩勞曾經同在期易租電腦操盤。他告訴我一些現在已經成為傳奇的軼事，於是我開始側寫納凡德・薩勞。幸虧薩勞能力過人，且帶著一種不成功便成仁的態度，所有接受我採訪的人都對他印象深刻。金融圈的消息很少會成為主流，但這次天才神童走上岔路，結果被美國政府盯上了，連主流媒體都很感興趣。我著迷地看著「豪恩斯洛獵犬」衝撞了英國和美國的司法體系。後來他的律師在法庭上透露，儘管他賺了數千萬英鎊，但這個標普 500 指數的操縱大師卻付不出罰款，因為他自己就是一個龐氏騙局的受害者。這時我知道，有人必須寫出他的故事。

　　這本書不是小說，其中所描述的人物和事件都是真實的，沒有任何細節被改動或誇大。本書內容奠基於公開和私人的文件，我做了詳細的筆記，並採訪超過 150 人；針對各

面向的來龍去脈，也進行了很多次的訪談。由於主題敏感，
多數採訪都是匿名進行。對話來自受訪者實際參與或目睹的
回憶，而且內容的正確性都請所有人檢查過。在查核事實的
過程中，書中提到的每個人我都親自聯繫，並且請他們證實
相關素材正確無誤。除了我自己的報導，還大量引述學者、
作家、律師、金融專業人士和記者同行的研究調查，尤其是
高頻交易和閃電崩盤的部分，引述來源都有明確的紀錄。在
我動筆之前，已經讀完了麥可・路易士的《快閃大對決》、
史考特・派特森的《暗池》與《量化專家》（The Quants）、
約翰・蘇塞克斯（John Sussex）的《首日交易員》（Day One
Trader），以及埃德溫・勒菲弗的《股票作手回憶錄》，每一
本都有無上的價值。

　　當我在 2018 年初開始寫書時，納凡德・薩勞已經就幌騙
和電信詐欺的罪名接受了認罪協商，他同意協助美國政府調
查其他案件，因此對他的判決被延後了。24 個月後這本書完
成時，薩勞仍然還沒有被判刑，這表示我不可能採訪到他。
不過，我確實向他的陣營提供了一份詳細的事實清單，我很
感謝他們在這本書發表前提供了回覆。薩勞沒有看過也沒有
批准本書稿件。我期待有朝一日他能夠講述自己的故事。

致謝

. . . .

　　首先，我要感謝我的妻子 Suzi Vaughan，在這段旅程中她陪我走過了每一步，或許應該名列本書的共同作者。她不僅持續提供我愛與力量，也是我在報導和寫作遇到問題時最先尋求建議的對象，我永遠感激她的優雅、耐心，以及無可挑剔的新聞本能。

　　感謝我的編輯，Doubleday 出版社的 Yaniv Soha 和 Cara Reilly，與 William Collins 出版社的 Tom Killingbeck，他們用各種方式讓我的書稿更加完善，整個過程也都合作愉快。感謝我的經紀人，Conville & Walsh 版權經紀公司的 Richard Pike，他一下就看出這個出版計畫的潛力，從那時起，他就努力讓大家更重視這個計畫。感謝 Curtis Brown 版權代理公司的 Luke Speed，在電影版權的洽談上創造了奇蹟。也要感謝 See Saw 電影公司的 Katherine Bridle 和 Simon Gillis，還有 Jonny Perera，和他們一起工作很愉快。

　　非常感謝每一位接受訪談的人士，還有很多人以其他方

式為本書盡心盡力。特別感謝湯姆‧但丁、雷夫‧席德、吳明士和英格‧馬爾徹的大力投入；感謝 Robert Friedman 的洞察力和鼓勵；Nathan Smith 提供了充滿智慧的建議；海姆‧波迪克是知識的泉源；還要特別感謝 Kit Chellel，讓我在恰當的時間獲得我需要的資訊。

非常感謝彭博新聞社，不僅給我自由，並支持我進行這個計畫。如今，新聞事業依然舉步維艱，新聞記者的工作經常被忽視，在這樣一個標準堅定不移、員工受到重視、雄心勃勃、關注各類重要新聞的機構工作，是我的榮幸。

特別感謝我的父母以及家族對我的愛和支持。最後我要感謝 Ellis 和 John，他們帶我進入電子郵件的奇妙王國。這確實是很豐沛的資源。

圓神出版事業機構　先覺出版社
用心與你對話‧親好無限寬廣　Prophet Press

www.booklife.com.tw　　　　reader@mail.eurasian.com.tw

商戰 205

閃電崩盤
一兆美元的真相！全球追捕，史上最神祕的金融罪犯

作　　　者／連恩‧范恩（Liam Vaughan）
譯　　　者／葉妍伶
發 行 人／簡志忠
出 版 者／先覺出版股份有限公司
地　　　址／台北市南京東路四段50號6樓之1
電　　　話／（02）2579-6600‧2579-8800‧2570-3939
傳　　　真／（02）2579-0338‧2577-3220‧2570-3636
總 編 輯／陳秋月
資深主編／李宛蓁
責任編輯／蔡忠穎
校　　　對／蔡忠穎‧李宛蓁
美術編輯／林韋伶
行銷企畫／詹怡慧‧黃惟儂
印務統籌／劉鳳剛‧高榮祥
監　　　印／高榮祥
排　　　版／杜易蓉
經 銷 商／叩應股份有限公司
郵撥帳號／18707239
法律顧問／圓神出版事業機構法律顧問蕭雄淋律師
印　　　刷／祥峰印刷廠
2020年9月初版

FLASH CRASH by Liam Vaughan
Copyright © 2020 by Liam Vaughan
Published by arrangement with Conville & Walsh Ltd.,
through The Grayhawk Agency
Complex Chinese translation copyright © 2020 by Prophet Press, an imprint of
Eurasian Publishing Group
ALL RIGHTS RESERVED

定價 410 元　　　　　ISBN 978-986-134-363-1

這是一個關於金融菁英的故事，他們的智力出眾，對於金融體系底層結構的理解超越了社會大眾，所以能從一般投資人手上淘出數十億美元，而執法人員只能袖手旁觀。這個故事也說明了整個產業自動化，由機器人取代人類之後，人工還有多少價值。最重要的是，這個故事還要告訴你：有一個人不願意接受一手爛牌，決定要奮戰到底，即使親赴地獄也在所不惜。

—— 連恩·范恩，《閃電崩盤》

◆ **很喜歡這本書，很想要分享**

圓神書活網線上提供團購優惠，
或洽讀者服務部 02-2579-6600。

◆ **美好生活的提案家，期待為您服務**

圓神書活網 www.Booklife.com.tw
非會員歡迎體驗優惠，會員獨享累計福利！

國家圖書館出版品預行編目資料

閃電崩盤：一兆美元的真相！全球追捕，史上最神祕的
金融罪犯／連恩·范恩（Liam Vaughan）著；葉妍伶 譯.
-- 初版 . -- 臺北市：先覺，2020.09
304 面；14.8×20.8 公分 --（商戰系列；205）
譯自：Flash crash: a trading savant, a global manhunt, and
the most mysterious market crash in history
ISBN 978-986-134-363-1（平裝）

1. 薩勞（Sarao, Navinder Singh）　2. 金融犯罪
3. 金融危機　4. 證券交易所　5. 美國

548.545　　　　　　　　　　　　　　　109010344